U0525892

拒绝平庸

[德] 珍妮·哈雷尼　赫尔曼·谢勒 著　郭秋红 译

100个创意营销案例

中国友谊出版公司

图书在版编目（CIP）数据

拒绝平庸：100个创意营销案例 /（德）珍妮·哈雷尼,（德）赫尔曼·谢勒著；郭秋红译. —— 北京：中国友谊出版公司，2023.5

ISBN 978-7-5057-5419-5

Ⅰ.①拒… Ⅱ.①珍… ②赫… ③郭… Ⅲ.①市场营销－案例 Ⅳ.①F713.50

中国版本图书馆CIP数据核字(2022)第026635号

著作权合同登记号 图字：01-2023-0844

Published in its Original Edition with the title
Marketing jenseits vom Mittelmaß: 100 Best-Practice-Beispiele
Author:Jeannine Halene,Hermann Scherer
By GABAL Verlag GmbH
Copyright © GABAL Verlag GmbH,Offenbach
This edition arranged by Beijing ZonesBridge Culture and Media Co.,Ltd
Simplified Chinese edition copyright © 2017 by Beijing Creative Art Times
International Culture Communication Company.
All rights reserved.

书名	拒绝平庸：100个创意营销案例
作者	[德] 珍妮·哈雷尼　[德] 赫尔曼·谢勒
译者	郭秋红
出版	中国友谊出版公司
发行	中国友谊出版公司
经销	新华书店
印刷	河北尚唐印刷包装有限公司
规格	710×1000毫米　16开 23.5印张　410千字
版次	2023年5月第1版
印次	2023年5月第1次印刷
书号	ISBN 978-7-5057-5419-5
定价	128.00元
地址	北京市朝阳区西坝河南里17号楼
邮编	100028
电话	(010) 64678009

如发现图书质量问题，可联系调换。质量投诉电话：（010）59799930-601

Marketing jenseits vom
Mittelmaß

目录

01	02	03	04	
8	22	32	62	69
序言	前言	引言	最佳实例	品牌

CONTENTS

97	157	191	213	235	273	292
户外	电视&病毒营销	社交媒体	营销活动	海报&印刷	手机应用&网络	访谈

Good things come to those who go crazy. Go out and fucking earn it.

好事总是落到那些疯狂的人头上。走出来，去迎接它吧。

01

序 言

赫尔曼·谢勒

PROLOG
von Hermann Scherer

世界辫子面包日
模仿是如何"杀死"创造力的

广告是幻想的游戏。我觉得这个游戏很危险,因为它扭曲了企业的形象,用"糖衣炮弹"迷惑了顾客的思想。

糖衣在嘴里很快会融化，根本谈不上持久作用。

糖衣就像辫子面包甜甜的表层，但是作为市场营销的手段，它却不能胜任。在这个时代中，每天有 10 000 条广告信息冲击着人们的大脑，每年从企业和广告公司支出的广告费用高达数十亿欧元，这个时代的格言是：吸引注意力，不惜一切代价。很多人认为，广告是件昂贵且复杂的事，而我并不这么认为。

其实，当今的广告世界与以往极为相似。考古发掘工作证实，在公元 79 年庞贝古城被火山灰埋没前，这座城市随处可见点缀街道的广告牌。自那时起，信息传播渠道不断多元化，信息的投放变得更微妙。然而，其目标是一成不变的，那就是引起注意。下面这个事实让实现这个目标变为可能：人类大脑有个神奇的特性，即它随着挑战的增加而变得强大，甚至能承受最强的刺激流。然而，如果印象太短、太吵、太快或者太无聊，大脑就会启动自我保护机制。大脑喜欢的，其实是故事。

这就是好广告的秘密所在。大脑就像是在捕捉一些流星，它们浮浮沉沉、飘忽不定，最后在脑海中投射出一幅可辨识的图像。那么信息如何到达顾客的神经通路，才能更好地渗透进潜意识里呢？对于这个棘手的问题，我的回答是：给他们讲述事实，把情感混合到知识中，然后在恰当的时间、恰当的地点，用恰当的背景将这杯混合饮品送到客户面前。如果这三点配合得恰如其分，那么一条具有内在价值的信息就产生了。

真正的广告需要的是纯粹，而不是表面的华丽。它反射光，而不破坏光；它映射出的是完美主义，而不是冒险主义。每当我看到光泽华丽的表面时，我总想要去划它、刮它，直到露出漆层下面的本质为止。那些凹凸不平和锈迹斑斑的地方，总让我浮想联翩。那里隐藏着有价值的信息，那里揭示着所有物体的真实状态。对待事物，我喜欢刨根问底，正是这种生活态度让我免受一些错觉的侵扰。你现在拿在手中的这本书，就是要给你注入能量，使你从鱼龙混杂中脱身，从那些难分彼此，既能贴在医院广告栏上也能贴在汽车修理铺门口广告

真正的广告需要的是纯粹，而不是表面的华丽。

柱上的广告中脱身。

如果我们仔细观察，就会发现，企业和广告公司一直在乐此不疲地模仿着像可口可乐那样的成功案例。他们认为，如此便能成功。

可他们忘了一点：复印件永远不如原件好。

可口可乐的配料师小心翼翼地保护着咖啡因和糖的比例配方，就像梵蒂冈保护秘密档案室里的圣迹一样。而史蒂夫·乔布斯死后也无人能达到他的境界。他是不能容忍与别人并驾齐驱的，所以在别人到达他所在的领域之前，他就已经向前更进一步了。我非常喜欢这样的策略，因为它够刺激。要么你革新市场，要么你去别处另辟蹊径。只有在这种理论的引导下，我们丰富多彩的世界才不会千人一面。可是有些战略家却认为，什么事情一旦奏效就可以保持成功，一劳永逸。就好比人们努力走向未来，结果却回到过去，这是一个悖论。

未来构想者

人们为自身的安全着想乃是理所当然。他们回避新大陆，喜欢把过去积累的经验当作未来的基石，因为他们熟知过去世界里的一切，在那里他们知道脚下走的是什么路。这并不阻碍他们追求改革，但前提是，请保持在可视的范围内。比如，家长们总是声讨学校里因循守旧的课时表，结果我们目前的教育、培训和科研还是老样子，缺乏创新热情。课堂始终延续惯例，教师的作用与其说是科研实践者，实则更像是专家权威。他们像在 100

真正的伟大始于独立思考。

年前的德国课堂上一样，用红色的笔在书页边做批注；他们批评艺术专业的孩子把颜色涂到了线框外；他们把青春期特有的对讨论的热衷与叛逆混为一谈；他们教导学生：只有适应形势才能走得更远。试想，如果有一门课，它允许学生画出自己的想象而不必担心线框，允许凭借创造力去遣词造句而不必担心各种约束，这将让年轻人多么受益啊。

即便是科学，也无非是建立在一种用过去经验去解决未来问题的模式上。它严肃地把由来已久的东西收集在一起，然后把它们塞入统计数字中。这样得来的并不是创造意义上的知识，而是按照已有的思维方式去思考而已。哈佛商学院早在几年前就下定决心利用这个思路创造一种新商务模式。从那时起，教授和学生开始在各个经济领域做案例研究，然后卖给那些继续教育机构和组织。每年整理出的并可能得到应用的此类"Case Studies"有近 700 万个。后果是那些未来的经理人只知道用现成的办法去解决问题，而且还得看这些研究的灵感、水平如何。只要把别人的标准当成榜样，那么就等于走老路，就等于在过去的道路上前进。真正的伟大始于独立思考。

那么，如果让你与你的经验相脱离会怎么样？想象一下，脚下的土地裂开，吞噬掉了你亲手建立的一切：你的公司、你的客户、你的人脉。然后土地重新合拢，你站在一片废墟前。这首先可能会带来对心脏病发作的恐慌，然后就出现了希望的曙光。给思想来一次放松，问问你自己：如何能接触到新客户？怎样能提高我的销售额？

现在的目标不再是由知识和经验的积累来决定，而是重新构建未来。回首过去并不一定是错误的，只是不能因为回首过去而剥夺重新开始的意义。我很高兴地看到，我们的中小企业正在更加频繁地进军那些空白的未来领域，利用有创意的广告和非同寻常的推广活动。对

ZEIT FÜR NEUES ! 新事物时间到

我来说，他们早已是社会中真正的先驱者。

想法之源

几年前，在我出版《拒绝平庸》一书时，读者反响非常大。经营者感谢我摘掉了广告神秘的面纱，清楚地道出：广告的关键不在于与巨人共舞，而在于拥有不随波逐流的勇气，与自己心目中的榜样保持距离的勇气。

当你描述自己的时候，不忘带上那些裂痕和瑕疵，你就做到了这一点。要写自己的剧本，就别让自己迷失在陌生的情境中。这就是我作为企业家和演说家的原则。

> 要写自己的剧本，就别让自己迷失在陌生的情境中。

我以前从没想过给《拒绝平庸》一书写续集。我对续集不以为然，更别说在一本书获得成功后再弄一个补充版。这不符合我作为一位作家所持的态度，即为书店的柜台上带来全新的、有趣的、值得去认知的东西。什么东西一旦表达出来了，被阅读了，那么也就失去了它的紧张感和新鲜感了。而我之所以最终同意写这本书是出于以下两点原因。第一点是：面对一位睿智、坚定、美丽的女士，我没法说出"不"字，当她恳请我在事业上给予支持时。在一次活动结束后，这位年轻的广告公司所有者珍妮·哈雷尼走到我面前，说出了她的想法。我很快感觉到，她知晓我们社会的中坚力量，她有能力在这个领域里取得成功。第二点原因是我认为，我们已

经太久没为自己的想法而燃烧过了。让这本书来点燃星星之火吧。

在广告的世界里，5年的时间不过是一眨眼。

在时间的刻度里，0.01秒什么都改变不了。乍一听到这种观点，我很惊讶。再一想就明白了，对拒绝平庸定位的追求从来都是不过时的。请读者权且把这本书当作灵感的来源，此外无它。

对我而言，指南类的烹饪作品只有两个主题是重要的：健康——因为我愿意去照着做，还有就是烹饪配方，因为这让我们的营养美食更精致。没有烹饪指南和烘焙指南，我们国家的文化将失去一大块。想想就知道了，为什么辫子面包的配方书永不多余？为什么不知名的发明家纪念册永不被珍视？

大概没人知道，在15世纪，小伙子们用美味的蛋糕来追求心上人。大概为了一场美食盛宴，世界都不惜变穷。我建议，我们国家所有的甜品店应该联名向联合国请愿，申请设立"世界辫子面包日"！一位斯图加特小店主也做了类似的事情。他发明了"卷饼丝汤日"，从此他成了这道美味汤品的专家级厨师。要发明10万个专利，总会有10万个点子。

对于其他的指南类目，从儿童教育到管理的时间分配，在我看来都可以拿去当废品回收做成餐巾纸。或许这本书的命运也是如此，也没准你会拿彩页当烘焙品的包装纸呢，这倒挺有创意。指南是多余的，它们让主题本身失去了意义。

我觉得，我们已经太久没为自己的想法而燃烧过了。

Die größte
Gefahr im Leben
ist, dass man zu
vorsichtig wird.

生活最大的危险在于，人们都变得过于小心。

阿尔弗雷德·阿德勒

（Alfred Adler，奥地利精神学家）

收集词语的人

让我们回想一下社会的几大主题，幸福、爱情、健康、财富和成功。在这充满魔力的五大主题上，过去的4 500年来未曾有一丝改变。然而，如果能用令人意想不到的其他语句去包装这五大主题，那么世界看起来将大为不同。否则怎么来解释下面这件事。在比勒费尔德大学里举办的一次诗歌朗诵比赛上，年轻的选手朱莉娅·英格曼（Julia Engelmann）走到镜头前，朗诵出她自己创作的一段诗歌，内容是勇敢地坦白那些年我们错过的机会。为什么这段时长6分钟的视频能在YouTube网站上被点击600多万次呢？一旦无聊被打破，热情即刻登场。还有这件事，女作家布罗妮·威尔（Bronnie Ware）写了一本关于人性的畅销书，讲述的是人在临终前最遗憾的那些事。这本书被翻译成27种语言，并且在发表3年后仍高居亚马逊此类图书排行榜首位。这位女性用简单、感人的语言，温柔地唤醒我们，让我们有那么一刻真正地去思考，这感觉真好。我们感觉与内心的自己如此地亲近，这在今天已不再是那么理所当然了。我很惊讶地看到，有些年轻人在听滚石乐队演唱会时，整场举着手机一动不动，因为他们在给Facebook网站上的好友们同步播放摇滚演出。这事就发生在柏林。当米克·贾格尔紧皱眉头、满头大汗、气喘吁吁地在舞台上回旋时，当基思·理查兹踏着节拍穿过人群时，而在我旁边，这位18岁上下的年轻人却面不改色地盯着那块12cm x 5cm大的手机屏幕。在他那里，史诗般的一刻竟能缩成那么小。

这本书将被印刷成16开的尺寸，制作精良，不用散文文体。书里的观点应该从眼睛跃入心灵，然后进入大脑的边缘系统，那里是创造力的正中心。书中那些我与珍妮·哈雷尼女士一起挑选出的企业有一个共性：对广告的执着。请从中汲取灵感吧。然后合上书，把它当成一个纸镇或者书架上的摆设，去创造属于自己的书页，组织属于自己的语言。把自己变成创造者和寻宝人，让那些可口可乐案例和指南作家的故事见鬼去吧。

> 一旦无聊被打破，热情即刻登场。

生命短暂，不能只用来阅读，出发吧，用你的想法去点燃世界。

——赫尔曼·谢勒

Design is more than just a few tricks to the eye. It's a few tricks to the brain.

设计绝不仅仅是一些表演给眼睛的戏法，而是一些表演给大脑的戏法。

奈维尔·布罗迪

（Neville Brody，国际著名设计大师）

02

前　言

珍妮·哈雷尼

VORWORT
von Jeannine Halene

如果说我们有
一样东西最多余，
那就是规则

有 15 万条或者更多的规则来决定什么是我们需要的以及什么是我们该放弃的。它们引导着我们的行为，就像在窄轨上行车，稍不留神就被红牌警告：停！

别这么快！也不要与别人不同。

一旦我们离群太远，指手画脚的明白人就无处不在。我们很早便学会要举止端庄，安于寻常，不惹人注意。那些总是不听老师话的学生，先是变成班级上的捣蛋鬼，然后就变成拖后腿的差生。类似的经验贯穿人生始终。所以我们让自己融入主流标准，乖乖绕开日常生活中的荆棘。这是多么可惜啊。

Fanta 4乐队（德国著名说唱组合）唱出了我的心声，他们唱道："在堕落之前，我们更愿意落得出众。"对于那些希望脱离平庸的企业来说，这句话可以被当作座右铭。

广告从未像今天般简单而快捷。我们几乎可以同步地将信息和广告词发送到全世界。遍布全球的互联网让我们从中受益。

作为一家广告公司的所有人，这对我来说只有一点：挑战。如果一位客户在听我们介绍方案时提出疑问："这想法真棒，只不过，是不是有些太大胆了？"

▶ 知道吧，在迈阿密，禁止男子穿着没有腰带的睡袍出现在公众场合。

然后我就知道自己是对的，并回答说："大胆就意味着已经赢了。"你必须知道，如今人们更喜欢被娱乐，而不是被告知。如果能做到带着极致的想法逆流而上，那么就成功了一半。为什么一头紫色的母牛在电视上微笑会让你觉得巧克力味道不错呢？又为什么看到鞋子底部的小孔你会联想到舒适的足部环境呢？把奶牛涂成紫色，在鞋底开洞，这难道不奇怪吗？

是，要的就是它：奇怪！妙卡（Milka）巧克力和健乐士（GEOX）鞋能够跻身行业一流地位，这些想法就是重要原因。

设计是不能用流水线来生产，它需要很多因素，包括视角、工艺和足够的自信。现在放

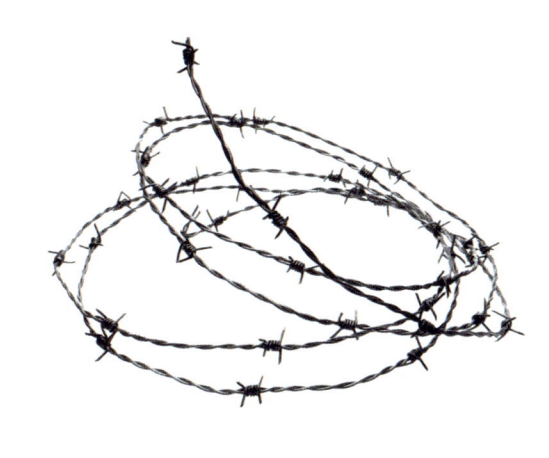

> 如今，人们更喜欢被娱乐，而不是被告知。

> 作为广告职业女性，我知道：要做到吸引眼球，就必须打破常规。

眼环顾我的四周，我发现正是那些将上述因素集于一身的人才可谓是成功的一类。他们离经叛道，大胆尝试，也相信自己的想法。面对繁多的规则，他们只会吹口哨。因为最终起决定作用的，并不是谁的工作更规范，而是谁的风格受到了欢迎：卡尔·拉格斐（Karl Lagerfeld）大秀着他的时装，闭口不提他的年纪，他用他那白色的马尾辫嘲讽着竞争。尽管如此，时尚界还是尊崇他。理查德·布兰森（Richard Branson）不厌其烦地讲述着他从维珍唱片起步的创业史，却总能用他的激情澎湃和媲美牙膏广告的笑容征服观众。这个故事让他成为全世界企业家的典范。

马里林·曼森（Marilyn Manson）用他的造型和肢体语言感染着人们。听众感到震撼之余，也把他的歌推崇到梦幻的高度。这些明星打破了常规。他们激发混乱，从而得到关注。记住，有些事情看起来似乎永远不可能，直到一天有人做到了。

当克里钦科（Klitschko）兄弟那样的拳击手，既优雅地带着博士头衔，又在对手的鼻子上来一记重击，那么我们就会仔细去看看，然后觉得，与众不同这个想法还是有点道理的。

能够打动我们的，不是高光的表现形式，而是真实的故事。它们有时候得以成为小说和电影的素材，从而脱颖而出。这本书说的就是这些故事。

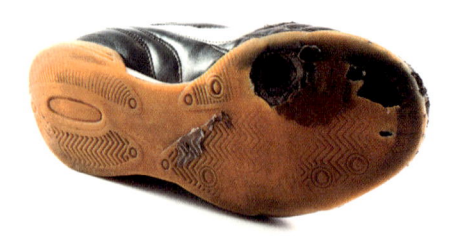

在创立自己的广告公司时，我曾暗自发誓：我要与众不同。我要引人注目。我要敢于冒险。我要变得更乖张，更不羁，不断接近客户。那么，要怎么做呢？那就是在各种场合吸引客户的注意力，像磁石一样。相信我，这个要求会最大限度激发你的创造力。

我认为，生命因之短暂，所以不能浪费在糟糕的事情中；因之珍贵，所以无法束之以唯一标准。

把那些累赘的信条丢在一边吧，别让它们总在耳边絮叨："这样不行。"

想象一下，有一个广告的世界，没有规则，你可以跳舞、唱歌、大喊大叫。你可以创作一段旋律，时而聒噪，时而恬静，时而节奏强烈。用你全部的感官去打破，去试探，直到开辟出一片无限的视野。我非常尊重所有这些创新者，他们能保持天赋，不被那些狭隘的规则枷锁所束缚。

我的家里不需要诸如上地毯之前得把鞋脱在地板上之类的规则。我不愿在网购之前按要求阅读没完没了的"一般商业条款"。我不想拿着等位号呆坐在等候室里，直到手里的数字在天花板上亮起。

别误解我的意思，这不是在呼吁大家给社会上所有的规则都来一次革命。有一些我觉得是非常有必要的，为我们的集体生活做出贡献。我所反对的是那多余的 1 000 条规定，它们把生活的乐趣全给抹杀了。

勇敢会得到回报：

理查德·布兰森，维珍唱片公司创始人、企业家，尽管少年时曾患有阅读障碍症，没有取得高校毕业证书，但他还是不惧风险，踏上了追寻极致的冒险之旅。

Das Leben ist zu kurz für schlechte Kampagnen.

生命，因之短暂，所以不能浪费在糟糕的事情中。

珍妮·哈雷尼
（Jeannine Halene）

想一想，你上一次想逃离朝九晚五的工作日是什么时候？原因很简单，外面阳光明媚，你体内的维他命 D 水平值正渴望着来点自然光照。你原本可以利用两次会议的间歇绕着办公楼跑一圈充充电，然后好点子就会脱口而出，但是考勤时间可不会饶恕这样的开小差。

或者，回忆一下，年轻的时候你是如何站在游泳池旁的？你想冲刺、跳跃，来一个有史以来最棒的坐姿入水，好给你的梦中姑娘留下深刻印象。但是？当你脚跟离地，当你感受到心爱的女孩投在你背上的目光，当你高举起双手，以令人难以置信的速度跃起，救生员的口哨声突然刺破耳膜。你来了个急刹车，猝不及防。

你滑了一下，不幸肚子朝下落入水中，你的梦中情人咯咯地笑，然后跑开了。如果救生员能让他的哨子晚一刻响起，让你完成个人表演，那么这个故事该多么精彩啊。

规则使人吝啬，我却偏要用它制造慷慨。

因此这本书是一本点子书，也是一本工作手册。用真实案例和警句给你带来启示。请给自己设定不寻常的目标，然后去实现它，你不会觉得疲惫。是一步一个脚印还是立刻冲刺，对我而言这只是条件是否允许以及创造力的问题。如果你允许我与赫尔曼·谢勒先生一起提一个建议的话，那就是：训练你的右脑。那里决定着你的创造力。请善待它，它需要一个让它光彩四射的舞台，让人们为它的魔力倾倒。它在思维的世界里舞动前进，只为掌声。

可是，如果所有人都只在意着别去碰壁，哪里会让掌声响起呢？你知道

> **无聊，每个人都能做到。**

吗，是什么妨碍着我们富有创造力地天马行空地思考？是孩童时期的种种限制。随着年龄的增长，它们演变成了禁忌。但是，现在我们都长大了，独立并且能够自己权衡利弊。去冒一张 15 欧元罚单的险，可能是聪明之举，假使能有机会在酒店里等候一位德国上市公司营销主管并与之洽谈一笔 10 万欧元的合约。

> 太多的规则让我们盲目而愚钝，因为我们不再追问。

有时候打破规则就是胜利，我会给你勇气。

这本书字里行间里记录着大大小小企业成功的故事。无论广告还是营销活动，都有一个共同点，就是远远超越普通。他们震撼世人，敢于冒险，直至穷尽所有感知，有时候甚至超越了感知。

假如内容做不到打动人心，那么作用显然也是索而无味，像一盒罐头。所以我一直追寻那些独特的、新鲜的和绽放的东西，寻找那些强烈到使人过目不忘的图片和文字。这些突如其来的冲击会像吸盘一样牢牢留在记忆中。让我们起跑，跳跃，然后在泳池边画出高高的弧线，哪怕救生员面红耳赤地跑过来，因为你把他吓得喘不过气。重要的是有创意！

——珍妮 · 哈雷尼

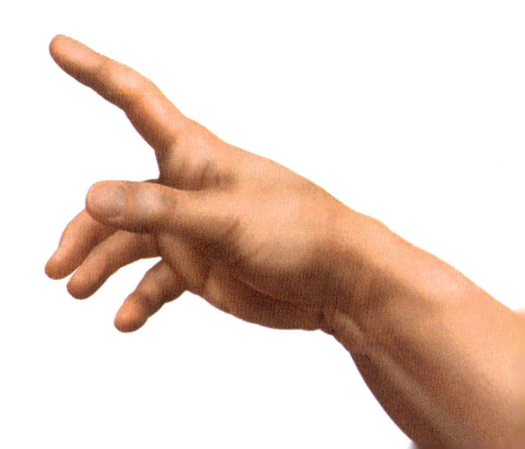

03

引 言

珍妮·哈雷尼&
赫尔曼·谢勒

EINLEITUNG
von Jeannine Halene&
Hermann Scherer

我们时常问自己：
这个想法是好得不可思议
还是差得难以理解？

从这个问题中可以看出一种非黑即白的思维模式。就像头脑中立了一块禁止通行的牌子。其实好与差全然无所谓，一切仅仅取决于这是否有效。

决定权掌握在客户手中。在他们看来重要的，就有成功的潜力。当然，产品也必须足够好。以德国塞腾巴赫（Seitenbacher）燕麦片为例，我们一想到它，耳边就会响起让你神经为之一紧的广告和那带着施瓦本地区口音的广告词。尽管，或者恰恰因为，这广告有点让人起鸡皮疙瘩，这种燕麦片成了品牌，这家企业成了行业龙头。

好的广告无关乎理性和算计。

> 从根本上来说，广告非常简单，成功的就是有理的！

如果风格与你的公司匹配，如果信息能通过眼睛和耳朵传入大脑，直达心田，那么广告之箭可谓正中靶心。这样你才算用客户的语言在说话。尊重那些购买你的产品、使用你服务的人。

永远记住把目光放得长远些，比一般更远些。认识到那些需求和渴望，那些眼神，习惯和偏爱，将那些渴望了然于心。然后你就会知道，怎样去编织你的成功。

听过阿莱克斯·克莱尔（Alex Clare）那首《无限接近》（Too Close）的歌吗？这首歌被所有唱片公司无一例外地拒绝了。他们觉得，不够好。他们说，将电子乐与灵魂乐混合推向市场的时机还不成熟。直到微软一锤定音的结论：这段音乐很动人。微软把这首歌用在一段电视广告中，这让阿莱克斯·克莱尔一夜之间成为超级巨星。歌曲蝉联榜单达数周之久，5200万人点击观看歌曲的视频。

品位不允许被"独占"，但允许被感知。幸运的是，我们可以通过市场调研去感知。在很多案例里，市场调研帮助企业避开风险，不至于将筹码全部赌在一匹错误的马上。关键是，去做这种调查非常昂贵。因此，我们建议，与你的客户保持联系，争取拉近关系、对话沟通和协同一致。

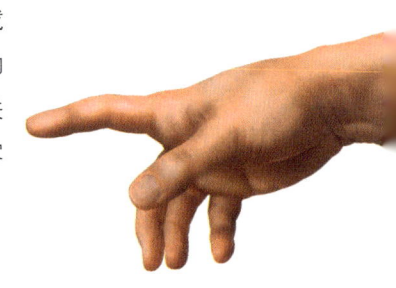

Misserfolg ist lediglich eine Gelegenheit, mit neuen Ansichten noch einmal anzufangen.

失败只是一个以新视角重新开始的机会。

亨利·福特
（Henry Ford, 福特汽车公司创始人）

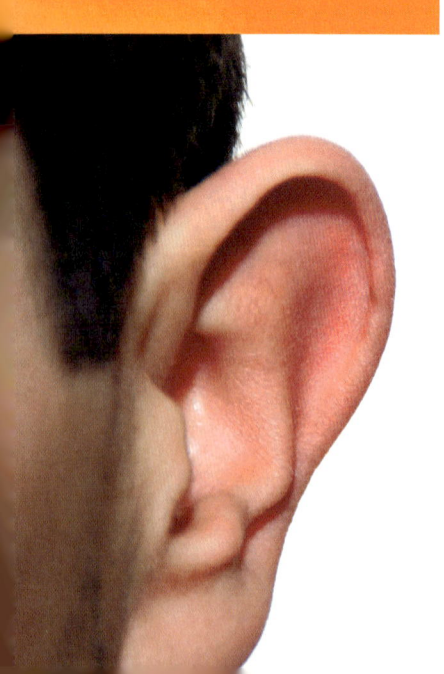

只有这样才是最好的市场调查

没什么能比客户的看法更准确地告诉你在市场中的定位如何。无论是在纸上写出来的还是从嘴里喊出来的，充满感情的看法对你来说才是真正的帮助。

说实话，有多少次你的员工吓得脸都绿了，跟你报告说："某某客户出问题了，气得快疯了。"我们想说的是，这简直太棒了。请别误会——我们当然愿意让那些喜爱我们的客户满意，但我们也要学习，深入思考，然后做得更好。作为企业家，我们都需要这样的声音来获得进步。它可以给我们带来挑战。

预防关系减弱尤为重要。如何做呢？不是为你自己，而是为你的客户。请他们吃饭，向他们传递一些对生意特别重要的信息，并且要显得你是有意为之，因为这能让客户的工作更轻松。潜台词就是："我总在为你着想。"

你最好告别一般意义上的"客户关系"，而更多地把它视为理所当然的事情。不管合同中有没有注明，你每天都应去重新加以证明。就像面包师，需要用每天烤出最好的面包去证明自己，以防生意被街对面的竞争对手抢走。

尝试和错误

回到正题，还是之前那个问题：什么是好，什么不是？

我们相信这本书会告诉你很多人都避而不谈的

> 要长期获得用户的满意，建议你额外花些时间。

真相。因为他们认为，说出来会显得不专业：尝试和错误。

我们熟悉很多中小企业，告诉你吧，所有的人都这么做。听起来就像在传授自己的经验似的，其实就是这样。对于跑错路的危险，我们无能为力。特别是在所采取的措施无法直接用成功和失败来衡量时。

爱因斯坦曾说："大家都喜欢砍树，因为成功与否显而易见。"

但是如果失败了会怎样呢？
很简单。
现在我知道这个办法行不通了，
那就来试试下一个吧！

严肃对待
超群出众！

每天，上万条广告信息向我们袭来。这个数字还在不断增长。停！这对我们的大脑来说实在太多了。这会让它关闭入口，启动保护机制。

> 这么说吧，注意力是我们的大脑保镖。

20 世纪 70 年代末，广播广告开始大行其道。那时候，听众的耳朵完全应接不暇。在短短 10 年的时间内，美国平均每小时广告时长已增至 19 分钟。电视广告的发展史也大体相似。

到了 1982 年，在主要播出时段内，规定每小时广告时长是 9.5 分钟，而今天已经达到 14~17 分钟了。我们的大脑必须全负荷运转，来对各种信息和刺激进行获取、加工或抵挡。这对消费者来说是好事，对广告人来说却是"噩梦"，因为他们必须艰难地挣扎，以使他们的想法从大量信息中脱颖而出。

当今，获得注意力已经成为成功广告的同义词了。而要获得那一点点的不同往往需要一些技巧，正如斯特芬·埃格纳博士（Steffen Egner）所说：它像希腊神话中的百眼巨人阿古斯一样明察秋毫，牢牢守卫，只允许真正重要的东西通过大门。那么，我们充满创意的专业广告人如何才能给它惊喜呢？怎样才能获得门卫的一个首肯，甚至一个微笑呢？

我们把诀窍总结成为一个实用的公式，即 L+E+C。L 代表 Location，即定位；E 代表 Emotion，即情感；C 代表 Craziness，即疯狂。一个具备 LEC 效应的广告将会被认真对待。L，即定位，我们的意思是营销活动需要适宜的环境，才能施展。这里不适用喷壶原则，无目的地播撒信息毫无意义。宝莹牌（Persil）洗衣液的广告非常适合洗衣沙龙这样的场所。在那里，顾客大脑的滤网向这些清洁、柔软、舒适的洗涤产品敞开。大脑的门卫站到一边，让这些信息滑入神经。

Verwirrung fördert Durchbrüche.

困惑，
促进，
突破。

赫尔曼·谢勒
（Hermann Scherer）

> 你必须要做到，让你的广告在正确的时间出现在正确的地点。

相反地，在晚间电视节目中插播的宝莹广告却会碰上安逸慵懒的场景。顾客拿着薯条和葡萄酒，舒适地坐在沙发里。思考有关洗涤事情的大门几乎完全关闭了。这里将不会有需求和想法。这个题目甚至还能再进一步延伸，一则广告出现在一个完全不合适的场所，导致不和谐感。这个品牌将被赋予负面情绪，品牌形象下降。

让我们看看互联网上的情况吧，没有什么能比这里更好地佐证这样的形象损失了。你经历过这样的场景吗？你想在一家网站上查些信息，然而几秒钟内网站就弹出广告窗，把你的视线挡住了，让你没法再继续浏览网页内容。你生气地关上网页，脑海中却留下了一丝丝痕迹，让你今后更加小心，别再去访问这家网站。一则广告的效果与承载它的环境可谓息息相关。

现在让我们来看看公式中下一个参数——E，即情感。

一则广告界至理名言："没感情，就没钱。"

大脑研究专家早已发现，我们的购买决策中有70%~80%都是无意识的，仅仅是感情用事。我们到底是买还是不买，感情影响着我们的行为。

我们每个人都熟悉这样的内心感受，它似乎在腹部产生，常常告诉我们做什么，不做什么。我们把它称为预感或直觉。而正是这些感觉在我们感到迷惘时充当指南针。后来往往证实，这些内心的感觉是对的。《明镜周刊》曾写道："人类绝大部分的交流信号通过迷走神经传入大脑，并在大脑中掌控情感的区域进行加工，这一区域称为边缘系统。腹部与感觉之间紧密的联系是在人类进化过程中形成的。"

大脑正在判断的信息，如关系、价值、逻辑和知识，可以在腹部几乎同步产生作用。一个绝佳的例子就是人事决定：有无数的办法，从评估中心到专业的提问技巧。这些办法能分析证书、文凭，考察人生经历，比较考试分数。这些都无可挑剔，但最关键的部分依然是来自腹部深处的一种感觉，认定这些员工适合这家公司，认定他们能为了目标赴汤蹈火，忠诚且热情，能够完成任务。抱歉，我这样批评那些所谓的遴选程序，可是世界上没有哪张证书能真正证明员工具有这些重要的品质。

你们都看过科幻系列剧《星际迷航》吧？作为飞船大副的史波克（Mr.Spock），他有一半的瓦肯星球血统。他看起来很简单，不被情感所困扰，可以完全依靠理性分析做出判断，可以带领全体船员披荆斩棘。那么问题来了，为什么这个长着尖尖耳朵的、冰一般冷酷的男子没能升职为舰长呢？因为他缺少了人性中最关键的一点：情感。这段题外话又将我们引回了营销活动。

你必须让你的广告契合目标客户群的主要情感。

你得打破常规，就像 AXE 牌男士香水所做的那样。实干派会知道，要打造一个品牌，让产品有画面感很重要。他们自问：让男士们每天喷在胳膊下面，AXE 香水能承诺些什么呢？让女人们像飞蛾扑火一样被 AXE 的香氛所吸引，成群结队地投怀送抱。这里传递了这样的信息：无论你是风流倜傥的迷人型还是不解风情的迟钝型，使用这种身体护理产品都有效果。这条广告打破了惯例。让我们再来看看麦当劳的例子。这家企业承诺得简单而又机智，让家长在吵闹的儿童世界里得到片刻宁静，去深呼吸，闭上眼睛。这里打破了日常的生活秩序。

所有这些品牌都用感性的方式准确触及目标客户群最敏感的地方，或者说"需求"的所在。

然而并不是只有打破规则、设置场景和做出承诺才能够让情感得以释放。还有一个相当棒的办法。如果没有它，就没有小说，没有文学，而有些企业也无法取得今天的辉煌，这个办法就是讲故事。没有好故事，我们的世界将变得贫瘠。

尽管人人都在讲故事，可是在听到我这样说的时候很多人都皱着眉头问：到底什么是讲故事？其实这跟格林兄弟17世纪就在做的事情没什么两样。他们就是在用素材、情节和丰富的语言表达讲故事。他们围绕着故事核心把全部要素编织起来，这与今天的企业经理和营销主管所做的事情并无二致。后者只是把数据和实际情况用有趣的语言包装一下罢了。所以说，讲故事并不是现代社会的发明，也不是从美国开始走俏世界的流行趋势，而是一种经过长期实践的交流工具。

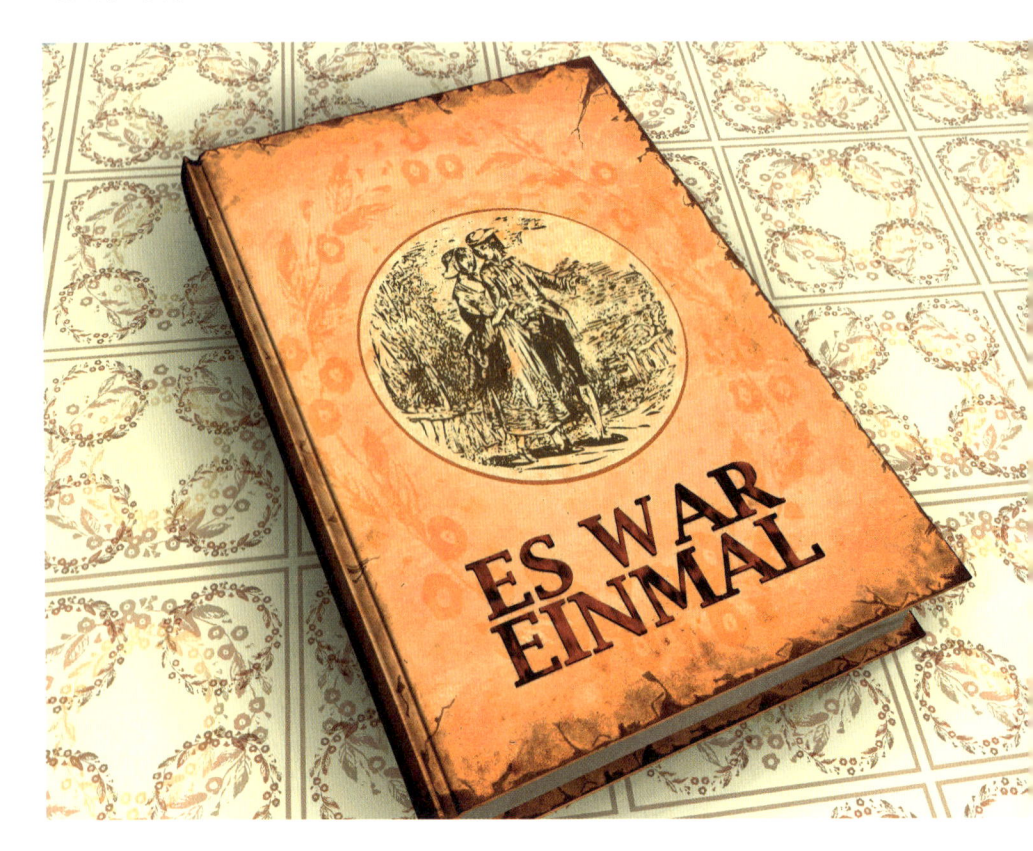

它是购买行为的驱动器，是客户记忆的刻录机。它将那些浓情瞬间留在我们心中。

让我们来看看英国航空公司的一则广告："一张去看妈妈的机票。"很多年以前，一位来自印度的年轻人为了求学，带着童年的回忆，来到纽约。那些对孟买的多彩的记忆，那里的花香和调料味道，街道里形形色色的小摊商铺，这些回忆都让他在陌生的世界里更加坚强。可是只有一样是所有这些生动回忆都无法替代的：那就是对妈妈的想念。

沉湎在这样的白日梦中，突然，这一切变得触手可及。他毅然决定买一张英国航空公司的机票。荷花的花瓣绽放，同样如绽放一般敞开的还有孟买的家门。整个故事感情浓烈，相信在每位观众的心中都唤起了一种需求，它让人们拿起电话，问候远方的亲人或者干脆直接订张机票出发。

疯狂、感性、创意，这些就是营销活动需要做到的。

或许这里你会问道："就算你说的是对的，但这些已经都有过了呀！"或者"我还有其他什么可做的呢？"然而一旦你遇到过这样的情况，又会说："这看起来太大胆、太冒险了，怎么办？"让我们从第一个问题开始，答案是，你总会找到一些还不曾有过的东西。

Werbung machen ist wie Auto fahren: Sie müssen ausscheren, um zu überholen.

做广告就像开车，你得变线，然后才能超车。

珍妮·哈雷尼
（Jeannine Halene）

在时尚界有一个简单的例子：时装设计师尼克拉·弗米切提（Nicola Formichetti）曾帮助当时还未成名的 Lady Gaga 只设计了一件衣服，就让她声名大噪。

2010 年，弗米切提为她设计了那款传奇般的"肉裙"。这样的裙子可谓空前绝后：用生肉做的裙子——Lady Gaga 乐在其中，因为她在那次登台后受到了如此之多的新闻报道，前有未有。

> 看到了吧，你总会找到一些还不曾有过的东西。

想法关乎创造力，关乎对右脑半球的训练。还要加上些源于自信的举重若轻，才能把疯狂的想法呈现给世界。这两点，创造力和举重若轻，都已被我们遗忘，在学校、在职场、在生活中。你可以试着找 20 个孩子来问问："你们会画画吗？" 20 只胳膊高高扬起，同时还要带着长长的尾音喊着："会！" 但如果 20 年后这些人再聚在一起，你想会怎么样呢？面对同样的问题他们会有什么样的反应呢？对——沉默弥漫开来。最多两个人，犹犹豫豫地举起手。请告诉我，自信哪里去了？对尝试的热情哪里去了？冲动的快乐哪里去了？

社会的规则反复告诫我们，画画和搭积木都有结束的一天。我们把这种说法叫作"成长的遗忘现象"。而真相却是：现在我们所有人都需要创造力，去成就事业，去给生活增添色彩。否则怎么解释人们不断追求新的商业观点，不断寻找下一个马克·扎克伯格（Mark Zuckerberg，Facebook 的创始人）。

职场世界的发展趋势是朝着企业家方向的。

为此，我们需要绞尽脑汁，用知识与创造力去成就事业，这已经不是什么秘密了。

回到市场营销，回答上面的第二个问题。假设，你找到了一个疯狂的想法。那么失败的风险有多高？

首先，这个问题里隐含着一层意思，就是你必须要给失败下定义。我们见过很多公司，因为媒体把他们的公司名写错了，或者没有一丝不苟地把他们的产品解释清楚，就大发雷霆。当然，碰到这些情况是很遗憾，并且让人气愤，但比这些重要得多的却是：媒体在报道你。俗话说得好：

坏的报道总比没有强。

在前面"肉裙"的例子里，负面报道像雪片般飞来。报纸的标题写道："Lady Gaga 用真肉做的裙子带来震惊"，还有"Lady Gaga，你赢了"。可能这次出场有点剑走偏锋，但并不损害她的职业生涯，而且结果带来惊喜。有创意，不走寻常路，已经不是新鲜事物。85% 的中小企业能够在市场中生存下去，靠的就是与竞争对手保持差异。这个结论在营销活动的问题上也完全适用。找到脱颖而出之路，并勇于实践，因为，被关注决定一切！你的客户会因此而青睐你，因为他也被囚困于日常生活中，就像头脑中有台自动驾驶仪，总是围绕着相同的主题，重复着相同的轨迹。

用新奇而不同的想法去干扰客户的这台自动驾驶仪，你的机会来了。

下一个最佳想法：
不断寻找下一个"哇哦"效应！

可惜在当今的世界里，我们恰恰是被教育成为没有创意的人。

> 要允许创新，作为企业就必须具备这两点：宽容和勇气。

慢慢地，我们遗忘了这些天赋。但幸运的是，我们还有专业人士。众多的创意机构每天在努力地让企业免于陷入平庸。

宽容，因为一开始想法往往还不成熟，不能呈现出一幅完整的图像。大多数时候，想法是在团队的头脑风暴中产生的。有人提出了一个想法，或许一开始听上去有点不着边际，另一个同事完全未经斟酌就接受了，然后进一步思考，再由下一个人进行最后的打磨。

假如缺少开放的态度，有多少想法会沉入所谓的"创意之墓"呢？创造性地思考是一种游戏。它把严谨拒之门外，还有那些烦琐的教条。然后，在随后的甄选过程中可以设置这样的问题："这一件是艺术还是可以丢掉？"

还有，想法是否符合你的个人口味，或者说符合你的预期，这并不重要。总是有这样的人，他们顾虑重重地摇着头说："噢，这可太冒险了。"或者抱怨道："这要是失败了怎么办呢？"别理这些反对声音。

不冒险就不会赢。

"非同凡想。"

苹果公司

这句口号是 1997 年苹果公司在一则创意广告中提出的。

对我们来说，这就像一首创造力的赞歌。

写给那些疯狂的人，
那些不合群的，
那些叛逆的，
那些捣乱的，
那些格格不入的，
那些用不同眼光看待事物的，
那些不拘于循规蹈矩的，以及
那些不安于现状的人们。
你可以品评他们，
不认同他们，
赞美或是诋毁他们，
但唯独不能做的，是忽视他们。
因为他们改变了事物。
他们推动人类向前发展。
或许他们在有些人眼里是疯子，
但在我们眼中却是天才。
因为正是那些疯狂到以为自己
能够改变世界的人，
在改变着世界。

苹果公司电视广告词，出处：维基百科。

Visionen wirken stärker als Dynamit.

希冀比活力作用更大。

沃尔夫冈·伯格
（Wolfgang Berger, 德国哲学家、经济学家）

最后一条，我们能得到属于我们的创造力。对创新的事物，对不同寻常的事物，我们是否秉持开放的态度？我们是否敢于走到悬崖边上，去看波涛卷起泡沫？

然后，我们的视野才宽广了。

让我们用来源于"粉丝工厂（Fan Factory）"广告公司日常工作中的一个例子来进行说明：创意总监每月召集大家开一次例会，主题是"疯狂的狗屎以及其他发疯的东西"。每个人都来谈谈自己经历的或发现的疯狂的事情。这里没有禁忌。每个人都把头脑的滤网摘掉，把情绪调到高温档位。美妙的是，这么做很有益处，一方面能激励人，另一方面能发现好点子。

再来个例子，创意总监互换学生。在关系密切的广告公司之间，通过这种做法可以互相接触新鲜的想法。这样有什么用呢？他们知道答案，即创新的激励和双赢的收益。

我们可以得出结论，创意人员就是如此行事。他们不合群。他们工作的核心是，重新审视烂熟于心的事物，为天才的想法创造空间，直到引起目标的注意。创造力由两个部分组成：一个是创意实践者的素质结构，另一个是他拥有的关于解决问题办法的知识。

有时候念头一闪而过，就像古希腊人描述的那样，被思想的闪电击中，兴奋地喊出："我知道啦！"此时，时钟突然静止了几秒钟，会场中的每个人都感觉到：找到突破口了，就是它了！

创造力是一台持续运转并留下痕迹的机器。

有一项问卷调查询问了 404 位创意人员，最佳的创意来自何处？是什么最大程度激发了灵感？

调查结果显示：①

问卷调查：
在鱼缸外，鱼儿游得更远。

五大创意诞生地点

- 媒体旁（电视、杂志、音乐等）
- 办公室里
- 上下班途中
- 淋浴间或浴缸中
- 运动中

最让人叹息的瞬间：
"这则广告必须增加 15% 的幽默度。"

五大灵感之源

- 音乐
- 旅行
- 与朋友/家人共处
- 工作时
- 咖啡因

① 译者注：2013 年，iStock 公司对专业创意人员的调查问卷。

最后我们再来看看所谓的黄金点子。这被写入合同中，以便增加报酬。这也是一种创意。但只有那些在撕下高光外表后经得住实践检验的创意才是真正具有生命力的。

我们应该学会一点：创意是明天的货币，成功的创意是无价的。

顺便说一下，你知道"坎普（Camp）"这个词吗？它源于艺术领域，在19世纪与20世纪初，浮夸的着装风流行时期被广泛使用。

维基百科这样下定义："Camp指过分强调修饰和夸张的艺术风格，可用于形容具备这种特质的所有文化产品。"

> **让我们坎普起来吧！**

艺术总是存在争议的，因为艺术总是违背主流。如果我们回溯过去，很遥远的过去，就会发现这种违背主流的历史就像人类本身一样久远。艺术界把这种对新事物的追求，对不同寻常的追求叫作"坎普"。这些几乎已被我们遗忘，现在我们发现这个词即使在今天仍不过时。

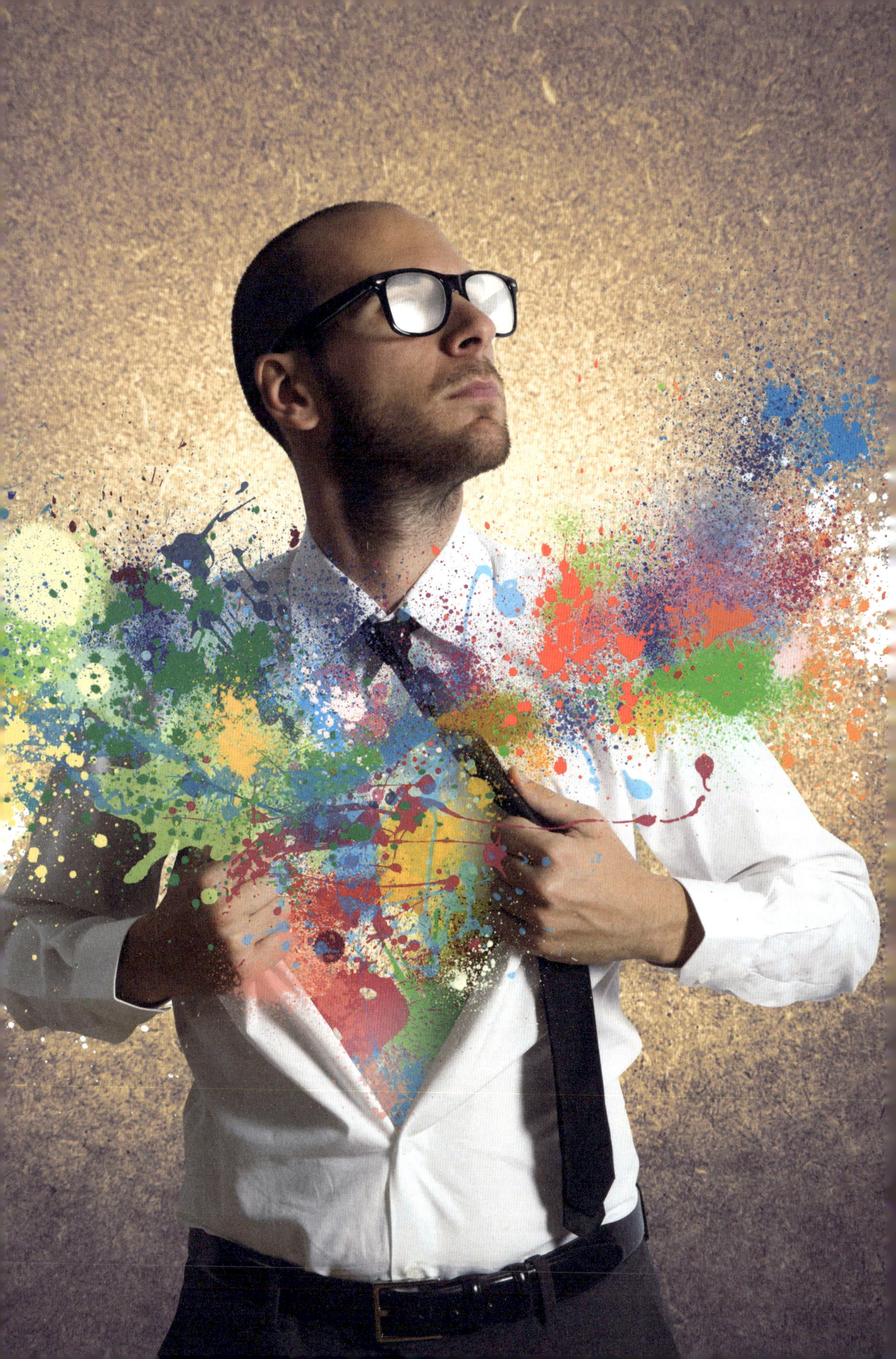

04

4.1 品牌

4.2 户外

4.3 电视 & 病毒营销

4.4 社交媒体

最佳实例
向最好的学习

BEST
PRACTICE
Lernen von den Besten

4.5 营销活动

4.6 海报 & 印刷

4.7 手机应用 & 网络

向最好的学习
——别人也有好点子啊

广告策略虽然多如牛毛,但总有一些如鹤立鸡群者。下面我们就来展示一下,好让大家开阔眼界,提高创造力。

这些具有代表性的营销活动和创意从众多案例中脱颖而出，并取得了超乎寻常的成功。因为，它们看起来很不一样。

▶ *"做些平庸的事，纯属是在浪费时间。"*
——**麦当娜**
（Madonna, 美国著名女歌手、演员）

可以肯定，从长期来看，著名的"中产阶级"将会解体，至少消费研究学者这么说。这个结论用来比拟企业平庸的创意和营销活动一样适用。

那么，就让我们来推翻那些烂熟于心的范本，鼓起勇气，着手与众不同吧。

让下面的这些案例激发你的灵感。

转换思维很难，但是值得！

Ein Engel im Himmel fällt niemandem auf.

没人注意到天空中的天使。

萧伯纳
（George Bernad Shaw, 爱尔兰剧作家）

4.1 品牌

BRANDS

只有红与白的世界

生产番茄酱的"亨氏（Heinz）"公司把"美因茨05第一足球俱乐部"体育场的一间休息室变成了小吃店。跟这个俱乐部的颜色简直是绝配。

创意

"美因茨 05 第一足球俱乐部"与番茄酱大厂商有什么共同点呢？对，两个标志性的基本色：红与白。亨氏的字母发音为海因茨，从发音上两个名字也很相像。创意人员正是利用了这些，在美因茨体育场设置一间亨氏休息室，从而让足球俱乐部与品牌实现完美结合。从环境到摆设，所有细节都要考虑到，带球员签名的足球形坐垫、运动衫、围巾、照片等，以及看上去像番茄酱瓶一样的香槟瓶。

特别之处

这里的魔咒是"邀约"，吸引人们的正是参与其中的乐趣。再说了，谁愿意放弃一罐免费的啤酒呢？

效果

- 成千上万的热情球迷
- 在社交媒体上被快速传播
- 很多公司前来商洽租用小屋

档案：

什么？	谁？	在哪儿？	什么时候？
小屋营销	亨氏番茄酱	德国美因茨	2012 年 9 月

瑞诺瓦（Renova）——与浴室搭配的厕纸

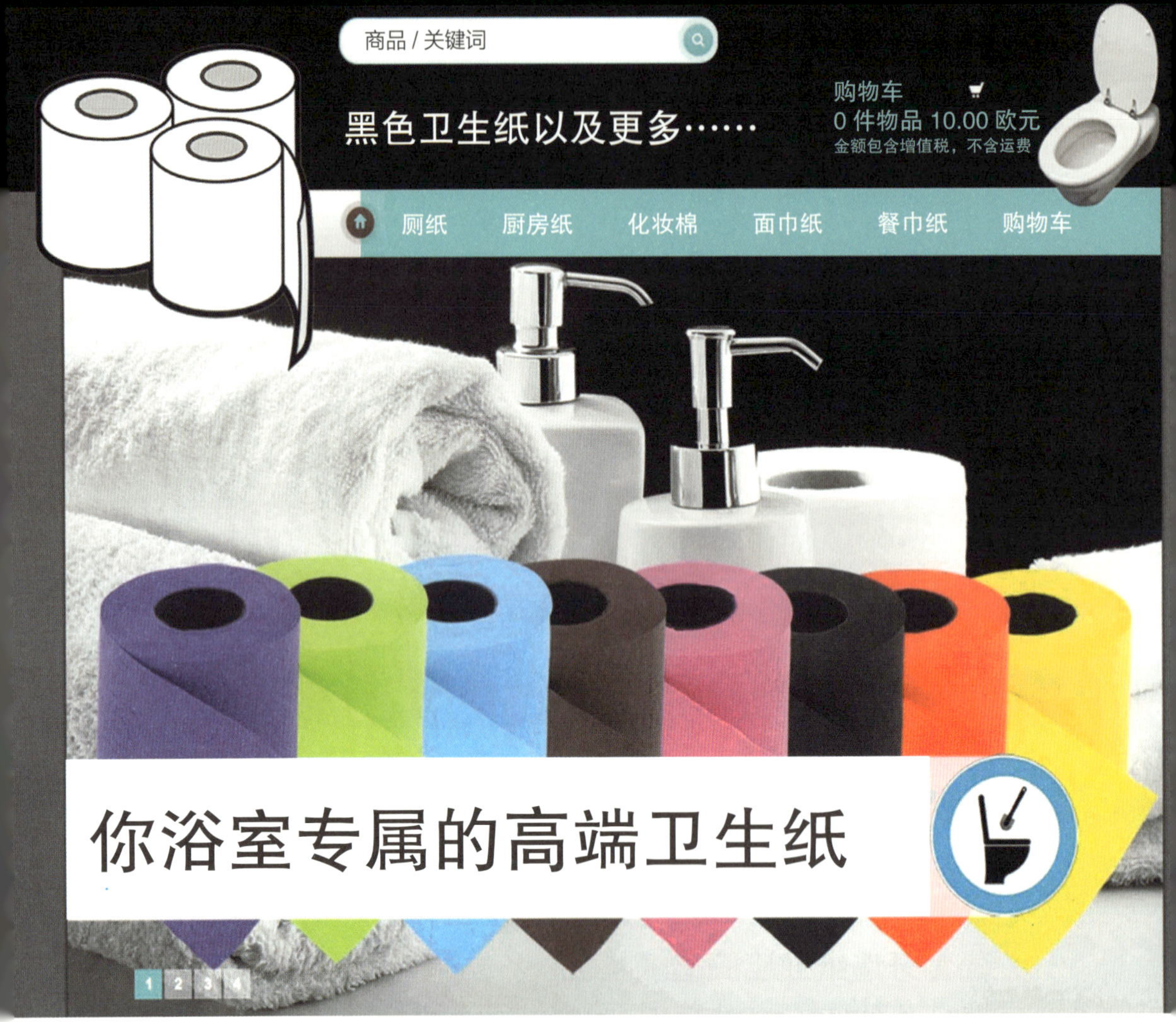

厕纸成为出口拳头产品。2005 年，葡萄牙瑞诺瓦公司将彩色厕纸推向市场，得益于这块市场空白，这家公司今天拥有 650 余名员工。

创意

市场似乎对这款产品期待已久——彩色厕纸。这款可爱的厕纸出现在一次国际家居设计展上，如今它已摆上了 70 个国家的超市货架。生活是五彩缤纷的，一想到这，这家公司就决定不断扩展产品目录：新增面巾纸、餐巾纸、厨房纸和化妆棉。但这些可绝不是廉价货，6 卷装卫生纸起价 4 欧元。

特别之处

瑞诺瓦填补了市场空白，因为它的前瞻思维和拒绝平庸的勇气。思想是彩色的，因此厕纸也一样。这个简单的创意让这家公司带领葡萄牙造纸业走出了危机。

效果

- 650 名员工
- 销售额翻番
- 葡萄牙造纸业出口增加 40%

厕纸销售总额达 1.35 亿欧元

档案：

什么？	谁？	在哪儿？	什么时候？
厕纸	瑞诺瓦	葡萄牙	2005 年起

拒绝平庸

融化棋（Meltdown）——一款会化掉的游戏棋

地球正在变暖，这会带来巨大的影响。为了以游戏的方式让儿童感知气候变化问题，*GEOlino* 杂志设计了一款游戏棋。

创意

把北极熊家族从恒冻冰层上带到更安全的陆地上来，谁能做到呢？这件事迫在眉睫，因为冰川正在快速融化。每副游戏棋都带有制冰格和一块海面材料的棋盘，这样冰块融化产生的水就可以被棋盘吸收。游戏给孩子们传递了这样一条信息：当温度升高，冰面会融化，北极熊面临着危险。*GEOlino* 是一本儿童知识类杂志，它设计出"融化棋"意在将青少年的目光引向地球变暖带来的影响。

特别之处

这里运用了游戏和活动来引起关注。这样的棋盘游戏之前还从未有过。它形象生动地展示了一件会让我们星球上每一个人都感到不安的事情，因此社会对此反响非常强烈。

效果

- 第一版游戏棋专为个别学校生产
- 许多来自世界各国的学校、家长、环保组织和网络博主前来商洽咨询
- 受到媒体强烈关注
- 即将开始商业销售

档案：

什么？	谁？	在哪儿？	什么时候？
棋盘游戏	*GEOlino* 杂志	德国	2013 年

**Perfektion ist
Zeitlupe,
Fantasie ist
Lichtgeschwindigkeit.**

完美主义
是时光的
慢镜头，
幻想则是
光速前进。

赫尔曼·谢勒
（Hermann Scherer）

从纯植物面包酱中诞生的百万公司

1979年,当苏珊·顺宁(Susanne Schöning)女士在自家烤炉前做实验时,根本想不到她的面包酱日后会获得怎样的成功。

创意

每个想法都有它的动机。在苏珊·顺宁女士这里，动机就是因为家里不富裕，同时又喜欢做饭，不想用千篇一律的香肠和奶酪来做饭，就这样发明了这个产品。她走到烤炉前，混合出一种新的抹面包酱汁——洋葱蓉。这就是茨威根维泽（Zwergenwiese）公司成功史的开端。如今这家公司的产品包括100余种面包酱、芥末酱、西红柿酱和水果酱。原料自始至终都是100%有机种植作物。其实与最初相比，不过就是煮酱锅大了点而已！

特别之处

质量始终如一。35年来，茨威根维泽用同样的方式进行生产。特别是在人们越来越注重营养均衡的今天，它们的产品出乎意料地好卖。这说明，有些潮流也可以做到恒久不变。

效果

- 主导纯植物面包酱行业创新和发展
- 员工已达80余人

年销量超过 **1000** 万欧元

档案：

什么？	谁？	在哪儿？	什么时候？
面包酱	茨威根维泽公司	德国，西尔贝尔斯特	始于1979年

世界上第一本能吃的"烹饪书"

格尔斯腾堡（Gerstenberg）出版社按照字面意思重新解读了"烹饪书"这个词，然后向市场推出了世界上第一本能吃的烹饪书。

创意

其实这本书是为商业合作伙伴设计的，但结果却大相径庭。很快地，这不同寻常的事物成了大家奔走相告的话题——一本用意式面皮做成的书。它可以烤着吃，可以夹馅，可以填饱肚子，也可以当装饰，这可真是一件新鲜事。顺便一提，这本书做出成品比想象中困难得多。实验进行了数周之久，就为了找到能承受压书机压力的面片材料。这款产品受到了广泛欢迎。不只是商业合作伙伴，顾客也想得到这本烹饪书。出版社很快做出反应，把它推向市场。

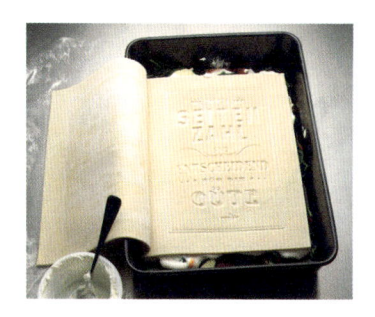

特别之处

最初作为营销工具设计出来的烹饪书最终成为一款用于销售的商品。从语义上来讲说得通，它玩转了一语双关的游戏。

效果

- 第一版产品在很短时间内销售一空
- 热烈的媒体反响
- 该出版社的形象由"保守的传统印刷馆"转变为"具有开创精神的出版商"

档案：

什么？	谁？	在哪儿？	什么时候？
能吃的"烹饪书"	格尔斯腾堡出版社	德国，西尔贝尔斯特	2012年

带天主教神父照片的挂历成了畅销品

2004年，业余摄影师皮耶罗·巴齐（Piero Pazzi）制作出了"罗马挂历"。此后每年销售上万册。

创意

这种挂历很快成为罗马纪念品商店的抢手货。打开封面，你不仅会看到天主教神父的照片，还有旅游提示和不少关于历史、地理和梵蒂冈的有趣信息。因此，这本挂历同时也可被当作游览这座教堂之国的旅游指南。挂历上的"神父"并不全是摄影师从梵蒂冈找来的，世界各地越来越多的"神父"纷纷与摄影师联络，表示自己也希望登上挂历。2015年，修女们也有了属于自己的挂历。

特别之处

一个古板的主题，结合摄影艺术，再加上丰富的信息内容，唤起了人们注意力。

效果

- 媒体反响热烈
- 罗马纪念品商店最火爆热卖品
- 2015年计划推出修女挂历

年销量超过 **10000** 册

档案：

什么？	谁？	在哪儿？	什么时候？
挂历、旅游指南	梵蒂冈	意大利，罗马	2004年起

Stil ist,
eine Identität
zu erwerben,
nicht ein Label.

格调,是在追求一种定位,而不是一个标签。

汤姆·福特
(Tom Ford, 美国著名设计师)

加里·维纳查克（Gary Vaynerchuk）
——企业主、作家以及自学成才的侍酒师

他想给陈旧的葡萄酒业界来点新鲜的声音，好消除所有的误解，让人们重新去享用美酒。他成功了。

创意

他自我评价说，他是天生的企业家。8岁时，他学会了如何榨柠檬汁，然后很快就在家附近开了7个卖柠檬水的小摊位。有时候企业家的天赋真的是与生俱来。维纳查克在父母经营的葡萄酒店里长大。1997年，他注册成立了葡萄酒图书馆网站。此后短短几年间，他的生意风生水起，销售额从300万美元直冲到4500万美元。2006年，他设立的网站每天访问量达到10万人次。他那毫不拘谨的登场，以及对葡萄酒的热情和独特的语言表达，让他的葡萄酒博客几近获得了偶像级地位。如今，这位网络上的葡萄酒导师依然在改变葡萄酒世界的路上不断前行，去完成他所肩负的使命。

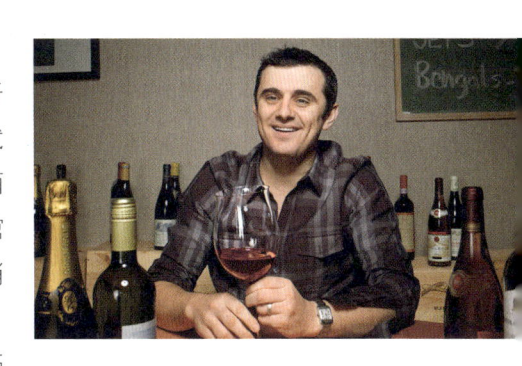

特别之处

加里·维纳查克给自己布置了一项任务，然后通过他的行动和全身心的投入使自己成了一个品牌。作为葡萄酒界的偶像人物，他出版的图书销量斐然。同时，他也成为炙手可热的演说家，频频受到邀约。

效果

- 媒体关注度高：电视采访、媒体报道以及发表署名文章
- 书籍广受欢迎
- 销售额从300万美元增加到4500万美元

视频博客每天访问量高达 10 万人次

档案：

什么？	谁？	在哪儿？	什么时候？
葡萄酒贸易	葡萄酒图书馆网站	美国，新泽西州	1997年

像德拉库拉（Dracula）那样睡觉

坐落在柏林中心区的一家名为 Propeller Island City Lodge 的旅馆有着非同寻常的创意——总共 27 间客房被冠以截然不同的主题。

创意

　　喜欢惊悚风格的客人，可以睡在带盖子的"棺材"里。别担心，盖子上的十字形气孔会给你带来空气。这间房间的名字叫墓室，其中的陈设极为怪诞，绝对会给你留下深刻的印象。而这正是我们想要的，一种不同于普通旅馆的印象。

效果

　　·来自世界各地的咨询和预定　　·这家古怪的旅馆几乎总是满客

葡萄酒爱好者之家

这是欧里希（Ohlig）爷爷的鬼点子：
他的旧酒桶如今变成了旅馆。

创意

位于吕德斯海姆的画眉鸟小巷（Drosselgasse）游人络绎不绝，如果因为在那里玩得太晚而无法赶回家，那么可以直接睡在"酒桶"里。除了两张舒适的床以外，每个酒桶都以莱茵河丘陵地带的某一葡萄酒产区命名。那么，来干一杯吧。

效果

· 自从酒桶旅馆开张以来，吕德斯海姆的游客比以往更多了

不起眼的小店——
贩卖时间的表盘咖啡屋（Café Ziferblat）

泰晤士河边的最新号外：一家咖啡屋，这里的顾客只为时间买单。咖啡屋的主人从俄罗斯带来了这个好主意。

创意

在表盘咖啡屋的一分钟要 3 个便士，折算一下就是每小时 2.10 欧元。这里还为那些慷慨的客人设有可以捐钱的饼干盒。连接着笔记本电脑的老式立体声音响里播放着流行音乐，时不时地还来一首俄语小曲，因为咖啡屋的创始人，也是所有人之一，伊万·米京（Ivan Mitin）是莫斯科人，而且已在那里以及乌克兰开设了 9 家表盘咖啡屋。

特别之处

在星巴克和其他连锁咖啡店之外，表盘咖啡屋创造出了一种把人们聚集在一起并带来价值的理念。它把人们关注的焦点引向了一种稀缺资源，那就是时间。这个想法太疯狂了，疯狂得真棒。

效果

· 第一家表盘咖啡屋非常成功，顾客多到无法想象，目前在英格兰之外地区又开设了分店。

档案：

什么？	谁？	在哪儿？	什么时候？
概念式餐饮	表盘咖啡屋	俄罗斯，莫斯科 英国，伦敦	2013 年

Sie brauchen keine Kunden - Sie brauchen Fans!

你不需要顾客，你需要的是"粉丝"！

珍妮·哈雷尼

（Jeannine Halene）

一个不同寻常的理念

亚瑟·波茨·道森（Arthur Potts Dawson）创立了"人民超市"（People's Supermarket），为了证明：有一种办法可以让我们的生活不再依赖那些大牌食品供应商。

创意

"人民超市"看起来更像一个团体组织。只需付 25 英镑就可以成为会员，购物享受 10% 的折扣。但同时每月必须到店里义务劳动 4 小时。哪些商品可以摆上货架，由顾客自主决定，而不是被那些大牌供应商牵着鼻子走。这样的做法，确实是个好创意！

特别之处

成功的秘密：这是一次对过去价值观的回归。现在有很多人开始怀念过去踏踏实实的日子，他们是左派，希望劳动者来主导当今的消费社会。

效果

- 2012 年 2 月，该超市会员数达到 1000 人
- 目前有 12 名固定员工
- 良好的媒体效应，众多的网络报道

档案：

什么？	谁？	在哪儿？	什么时候？
概念与品牌	人民超市	英国，伦敦	2010 年 5 月

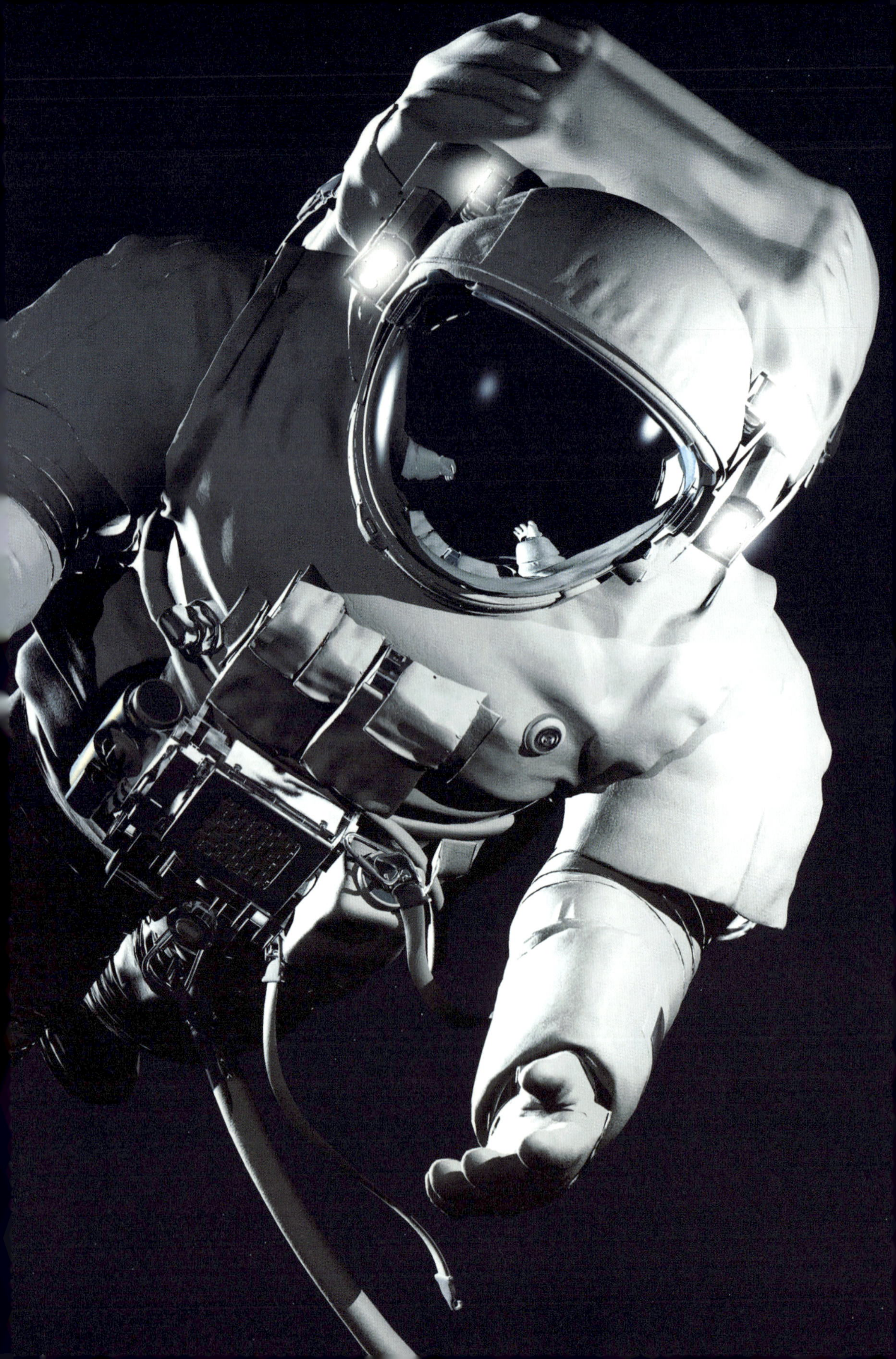

4.2 户外
OUT OF HOME

Ich habe kein
Marketing gemacht.
Ich habe immer
nur meine Kunden geliebt.

我没做什么市场营销，我做的始终只是去爱我的顾客。

季诺·大卫杜夫

（Zino Davidoff，瑞士籍乌克兰裔企业家、品牌 DAVIDOFF 创始人）

《高尔夫大师》（*Golf Digest*）
——高尔夫培训课广告

了不起的游击营销行动
借助 2011 年欧米茄迪拜沙漠经典赛举行的"东风"。

创意

为了给高尔夫爱好者留下深刻的印象，提高杂志销量，《高尔夫大师》杂志让大家想起了每位球手都渴望的事：完美的高尔夫挥杆。在欧米茄迪拜沙漠经典赛举行期间，创意人员思索着，一切重要的事情都围着这个小小的白球开展。他们很快决定把高尔夫球粘在汽车玻璃窗上。用这一游击营销行动吸引不少读者，传递的信息很明确——《高尔夫大师》杂志能帮你减少差点，提高球技。

特别之处

此次活动非常引人瞩目，因为它模拟出了车窗碎裂的效果，让人吓一跳。无论多么热爱高尔夫球，看到自己汽车的玻璃被打碎也没法做到无动于衷。

效果

- 在为期 4 天的比赛期间，有 400 多位司机"遭遇"此次活动
- 在比赛期间活动被人津津乐道，不仅口口相传，还在网络上引起广泛热议

此次活动后杂志销量增加了 200%

档案：

什么？	谁？	在哪儿？	什么时候？
游击营销活动	《高尔夫大师》杂志	阿联酋，迪拜	2011 年 9 月

"洗车公园"洗车店
——给爱干净的顾客一则脏广告

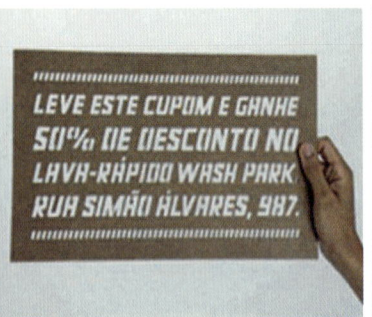

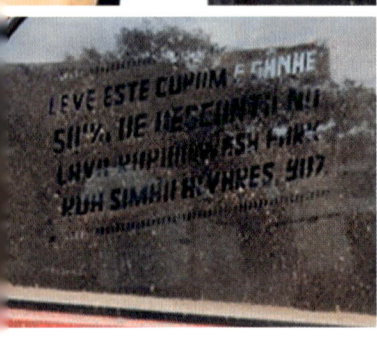

"洗车公园"洗车店在落满灰尘的汽车车窗上擦出了一张洗车优惠券。怎么做到的呢？很简单，用镂空的纸板。

创意

在圣保罗有 500 多家洗车店。怎样才能从这众多的洗车店里脱颖而出呢？"洗车公园"想出了一个办法：这家公司创造性地发起了一次"脏车窗行动"，吸引车主们前来洗车，做法就是在积灰的车窗上擦出一张优惠券。带着这张优惠券，汽车到店清洗可享受半价优惠。

特别之处

不用巨额的资金投入来吸引眼球，仅仅是一个简单的创意就让公司获得顾客的好感，让门口等着进场的汽车排起长队。

效果

· 1 个月内多洗了 77 辆汽车
· 在几乎没有额外投入的情况下取得了 20% 的增长

此次活动后，洗车量增加了 **20%**

档案：

什么？	谁？	在哪儿？	什么时候？
游击营销活动	"洗车公园"洗车店	巴西，圣保罗	2013 年 3 月

拒绝平庸

能走进去的鞋盒

为了庆祝广受欢迎的斯坦·史密斯（Stan Smith）系列运动鞋发售50周年，阿迪达斯在伦敦开了一家外观像只鞋盒的"闪店"（Pop-up-Store）。在为期3天的营业期内，店内有各式各样的有趣活动，这里还能买到该系列运动鞋的限量版。接下来，"闪店"还开到了其他欧洲城市。这次活动吸引了大量路人以及该品牌的"粉丝"关顾。

吉他英雄

大多数的吉他店和乐器店都有自身的迷人之处，靠的就是店主的个人素养和对乐器的甄选。英国南安普敦市的"吉他商店（The Guitar Store）"却以它极其独特的门面视觉效果——一台巨大的芬达（Fender）吉他音箱，给人留下难忘的印象。全世界独一无二。此外，吉他音箱视觉效果也是该店网站的醒目特征。

巨形迪奥手袋

一般情况下，这里应该竖着杂乱的工地脚手架，并且张贴着"即将开业"或"这里将有一家新店"之类的告示。可是谁喜欢平淡无奇呢？在位于纽约57号大街的迪奥专卖店翻新改造期间，取代那些脚手架或幕布的是一只巨型的迪奥手袋。这可算得上吸睛神器了。

最微小的想法将成为最伟大的创意

Bevor wir
fallen, fallen
wir lieber auf.

即使堕落，我们更愿意落得出众。

Fanta 4 乐队

（德国著名说唱组合）

你托付的人可靠吗？——好事达（ALLSTATE）汽车保险公司问道

人们不止一次地看向那里，好事达公司用这则游击广告给顾客和路人留下深刻印象。

创意

半悬空状态，位于芝加哥的玛利亚塔大楼最大的特色是没有外墙。好事达公司在其中一层放置了一辆汽车，并让车头越出楼外一大截，悬在半空中。车头下面的广告条幅上写道：你托付的人可靠吗？一个令人围观和惊诧的广告宣传。同时，还以电视广告对这次活动加以补充。

特别之处

剧情还是活动？管用就好！耗巨资制作的广告追求的也不过是两点：吸引观众和引起注意。这两点都是在加深印象而已。

效果

- 活动开始后的 1 个月内，公司保单增长了 28.7%
- 在全球都有电视广告覆盖
- 在互联网上被广泛转载和评论

活动至今，
YouTube 上该广告的点击量
已达 **10 万**次

档案：

什么？	谁？	在哪儿？	什么时候？
游击营销活动	好事达汽车保险公司	美国，芝加哥	2010 年 9 月

冷却，拒绝全球变暖

一个游泳池底部粘贴了一张巨大的城市鸟瞰图，这是为全球首家气候保护银行"汇丰银行"的一次环保倡议专门定制的一次游击营销行动。在游泳池边一条横幅上印有该银行的官网网址。

在活动期间和活动后，该网址的点击量增长了300%。

广告柱女神

奥地利萨尔茨堡的一家广告公司为时装品牌"Diva by makole"设计了一次别出心裁的游击营销活动。他们给广告柱"穿上短裙"，打上蝴蝶结，让过路的人都忍不住去一探究竟。该创意曾在"结合游击营销运用传统媒体"奖项中被评为金奖作品。

联邦快递对决 UPS 快递

本书访谈部分的那些生动的照片均出自帕特里克·提德克（Patrick Tiedke）之手。这位来自杜塞尔多夫的摄影师已从业数年，主要为广告公司、杂志进行摄影工作。

没什么是不可能的

格调家居（Stilwerk）成为城市中茶余饭后的谈资
——杜塞尔多夫城里的"没品犯罪"。

为了让人们重新关注品位，在杜塞尔多夫的国王大道上出现了一种新型"犯罪"，即没品位的家具。

创意

什么目的？让人们来讨论"格调家居"家具店。什么主题？位于国王大道上的家居设计和生活格调。难点：没钱。没关系，只要你有惊人的想法，且有些打算扔掉的展品。写有"没品犯罪"的大封条引爆了整个活动，吸引了大量买家光顾。

特别之处

用简单的材料，高度的幽默感，很少的资金投入，在当地成功地引起了关注。这次活动在几周内都是杜塞尔多夫当地的第一话题。这是一次梦幻般的成功！

效果

- 填满了当地所有日报的版面
- 直至今日积极的社会反响

活动期间进店顾客数量增加了 **50%**

档案：

什么？	谁？	在哪儿？	什么时候？
游击营销活动	杜塞尔多夫格调家居家具店	德国，杜塞尔多夫	2011 年夏

Aufmerksamkeit ist die neue Währung.

注意力是一种新的货币。

乔治·弗兰克
（Georg Franck, 德国建筑设计师、城市规划师）

躺在一堆土豆和白菜中间的人体模型
——顾客来侦破"谋杀案"

**超市中发生了难以置信的事件：
光天化日下的"谋杀案"。**

创意

一家"艾德卡（Edeka）"超市在店内布置了一出谋杀场景。在超市进门处工作人员已将案件调查资料发给顾客，并问道，谁是凶手？我们每个人的内心都有当一回福尔摩斯的冲动。

特别之处

在这家超市购物可一点不会觉得无聊。在这里你将经历一些超乎寻常的体验，让你汗毛直立。

效果

- 从晚 8 点到零点，卖出的"凶手肉排"超过 100 份，"鱼＋土豆块套餐"60 余份
- 活动获得 2012 年"商户自创大型促销"奖项的"销售奖"

活动当天营业额超过 **6.5** 万欧元

档案：

什么？	谁？	在哪儿？	什么时候？
商店活动	里特贝格市艾德卡超市	德国，里特贝格	2011 年 11 月

收集饮料瓶可派上"大用场"了

为了保障公众安全,著名的红灯区所在地——汉堡市圣保利区实施了玻璃饮料瓶禁令。而这一禁令却成为一场巧妙营销活动的铺垫。活动受到了网络热议,还为人们带来了一个充满趣味色彩的自动饮料瓶捐赠机。

创意

每个投入自动捐赠机的饮料瓶都被视为一张票。用它来做什么呢？对，点击捐赠机的屏幕看一场小型表演。这次活动在 Facebook 上非常受欢迎，点击量直线上升。

特别之处

禁令看似给人们带来不便，却有提高安全指数的作用，更何况还有增值的好处。将增值效应运用在提高 Astra 啤酒品牌知名度方面，是个聪明的做法。

效果

- 获 2013 年度 ADC（The Art Dire-ctors Club，纽约艺术指导协会）德国选区两项银奖和两项铜奖
- 被评为 2012 年度十大成功营销活动
- 活动收集的饮料瓶兑换的押金[②] 全部捐献给慈善事业

活动期间，Facebook 上的粉丝量增加了 **3.5 万**

档案：			
什么？	谁？	在哪儿？	什么时候？
商店活动	里特贝格市艾德卡超市	德国，里特贝格	2011 年 11 月

② 译者注：德国大部分塑料饮料瓶上印有可回收标志，消费者在购买这些瓶装饮料时须同时支付押金，并在退回饮料瓶时兑换押金。

一个看上去像保龄球的球形物体

身边的寻常物件摇身一变成了保龄球
——这让顾客感到新奇不已。

创意

　　为了吸引新顾客，比利时根特市大学城区的一家保龄球馆"Overpoort Bowl"发起了游击营销活动，只要是球形的物体，贴上一张小贴纸，就成了一个保龄球，另外还有一张贴纸标出了保龄球馆的名字。

效果

·活动当月，该保龄球馆全部订满

使劲咬着的广告牌

这费力撕扯的一幕给人留下深刻的印象。这幅巨型广告牌要说明的内容一目了然：牙膏是超强的，更强的是牙齿。

创意

　　"Formula"牌牙膏的这幅广告看起来给人以"强效坚固"的印象。此外，在广告投放处周边的餐馆中，人们还能看到牙刷造型的牙签盒，细细的牙签像极了牙刷毛。此举也达到了给人启迪示的作用：好好护理牙齿是多么重要。

效果

- 超强的创意，使周围超市中此商品纷纷售罄

Erfolg gibt Ihnen immer recht.

让成功来证明，你是对的。

珍妮·哈雷尼
（Jeannine Halene）

在等候登机时，顺便赢一次梦寐以求的旅行怎么样？
——这想法太棒了！

如果机场的旅客或机场商店的顾客有机会赢取免费旅行，会怎么样呢？——让我们想做就做吧。

创意

为了拉近与顾客的距离,澳大利亚阿德莱德机场的市场营销部门想到了一个激动人心的创意。顾客如果在机场商店购物,就有机会抽取一次免费旅行。为了招揽和鼓励不同的消费群体,奖项很快被确定为三条极具吸引力的旅行路线。醒目的宣传海报鼓舞人们前来参加抽奖。

特别之处

这场活动给很多人烦闷的候机带来了调剂。活动现场异常火爆,首先,顾客们有时间;其次,他们感兴趣。

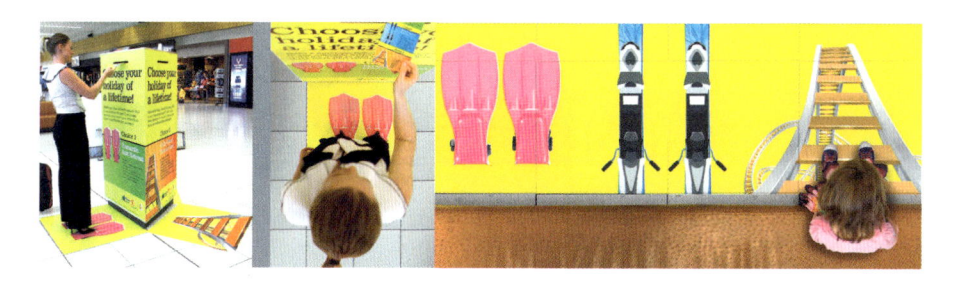

效果

· 与此前的其他商业活动相比,此次参与抽奖的人数明显增加

· 索取抽奖单的人多到让参与活动的商铺应接不暇

档案:

什么?	谁?	在哪儿?	什么时候?
游击营销活动	阿德莱德机场	澳大利亚,阿德莱德市	2013年1月

有了它，你的钱绝对保险

300 万美元？拿去吧。可惜没这么容易，因为这些钱安装在两层 3M 的安全玻璃中间。利用人们想要"据为己有"的心理来展出商品，真是绝妙的做法。

创意

3M 公司在加拿大用一种极具挑战的方式展示了安全玻璃产品的性能。那些看似唾手可得的钞票，就像在朝人们招手。这就是防弹玻璃生产商——在温哥华的一个公交车站投放的广告。

效果

· 那些亲自"测试"了玻璃的人自发地通过社交网络宣传此次活动
· 所有为了拿到钱做出尝试的人在这之后都对该产品的安全性能深信不疑！

为了让一切通畅起来

乐可舒（Dulcolax）是一款治疗便秘的药物。除了被造型的广告柱以外，无须更多言语，只有一句话：转起来了！

创意

广告柱上贴了一幅广告板，看起来就像一卷用完了的厕纸——没有其他文字。乐可舒是一款治疗便秘的药物。这卷用到将尽的厕纸告诉我们，这药效果很好。这是一次很成功的营销！

效果

· 网络点击量超 50000 次
· 活动期间该产品在药店的销量大幅增长

如果说百得（Pattex）万能胶能粘住一切，那为什么不干脆把足球也粘住呢？

一场不寻常的商标广告证明了百得万能胶的超强黏合力。

创意

　　一场让人难忘的户外广告始于球门后的商标条幅：一块带有不干胶层的广告板。在足球比赛中发生了一件让观众惊讶不已的事，那些没能成功射门的球停在了球门后的百得商标广告板上。这真是一则非常有创意的广告。

特别之处

　　产品难以置信的黏合力，再加上德国最受欢迎的体育活动，向人们展示着厂商对自己产品的自信。

效果

· 球赛期间以及之后 Facebook 网站以及个人博客转载量增加

体育场内 **6** 万名观众成为广告受众

再加上 **900** 多万电视观众

档案：

什么？	谁？	在哪儿？	什么时候？
游击营销活动	汉高集团旗下德国百得万能胶	德国，杜塞尔多夫	2006年3月

Präsenz macht sexy.

敢于展示的就是性感的。

赫尔曼·谢勒
（Hermann Scherer）

Jeep 的"越野"停车位

2007 年春天，一次有趣的游击营销活动在哥本哈根持续了数周之久。活动的目的是让消费者间接而又形象地感知 Jeep 汽车的越野性能。

为了舒适的感觉

杜蕾斯（Durex）在全球超过 150 个国家雄踞避孕套市场领导者地位。为了推广新款螺纹和凸点系列避孕套产品，一条由防滑路砖铺就的斑马线被画成了避孕套的模样，因为它们的样子的确很相似。这次游击营销活动于 2007 年 6 月在比利时各大城市同步展开。

让一切更干净

在这则路面广告活动中，街道中央脏兮兮的斑马线中的一条被刷成了崭新的白色，在周围环境中十分惹眼，目的是突出 Meister Proper 牌去污剂强大的去污能力。为了让顾客聚焦产品，这是一个有效果、有创意又省钱的好选择。

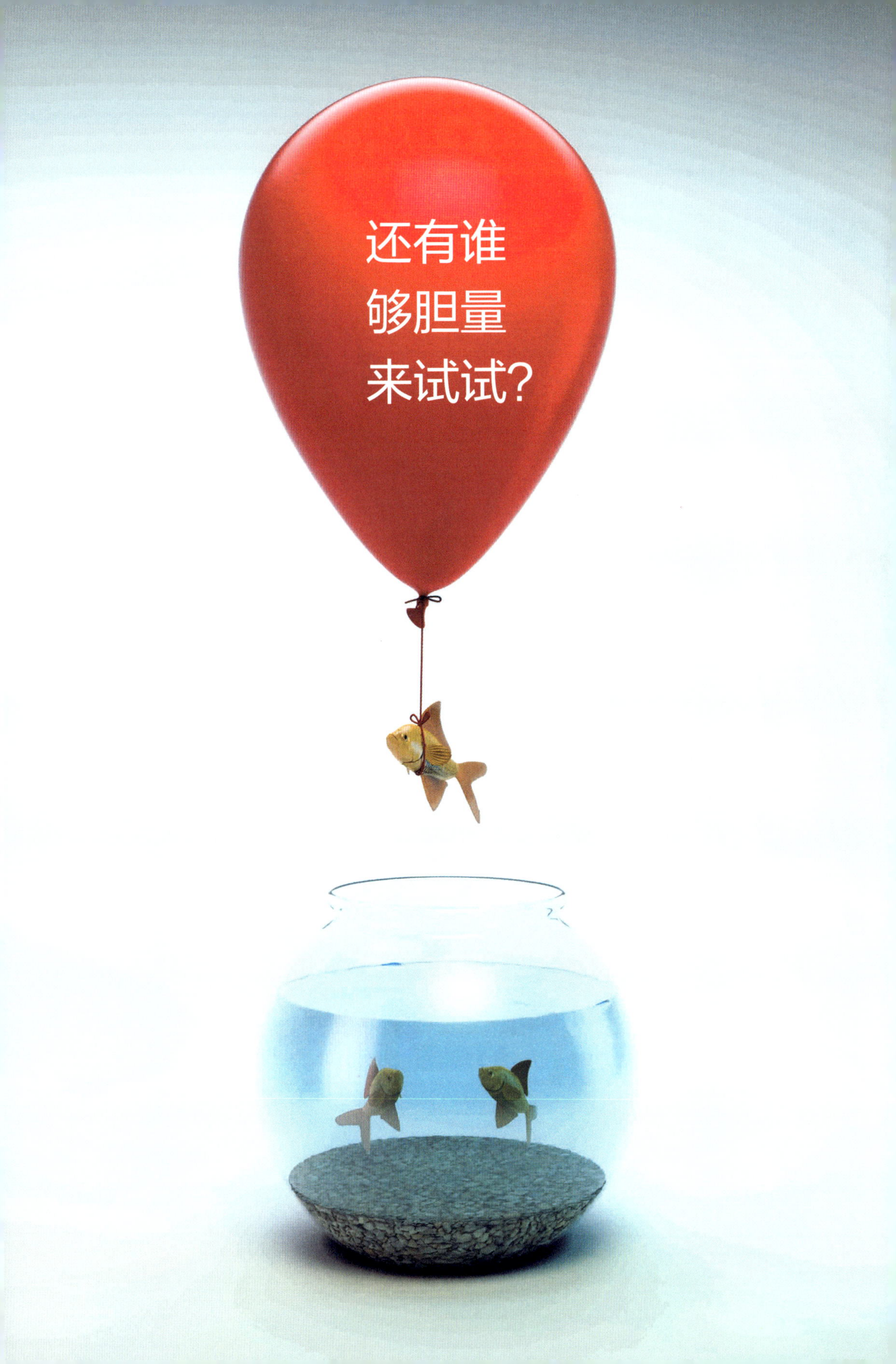
还有谁
够胆量
来试试?

想在大街上洗澡？没问题！

全世界最大的淋浴喷头在哪里？在国际糖果及休闲食品展览会（ISM）举办期间，德国法兰克福的中心广场给出了答案。

创意

  这个又名瓦尔特－冯－克容伯格的广场上有一处喷泉，高仪（Grohe）卫浴公司就利用了喷泉不断变换的水柱，把它变成了世界上最大的淋浴喷头。做法很简单，围绕喷泉池在地面上画出一幅巨大的 3D 立体图像。此次活动引起巨大的公众关注。

效果

  ·天才般的独特创意让展会期间前来游览的展商和顾客耳目一新，并被快速通过网络社交媒体发布和转载

你的汽车在想什么

即使是一辆车也有它自己的理想——那就是当一辆高尔夫GTI。

创意

不只是人类会梦想拥有完美的车型，汽车自己也会呀。大众汽车的这次营销活动的形式是在停车场的天花板上挂上广告牌。每个车位上方都挂着一个云团形状的对话框，像漫画书那样描绘汽车的内心活动。云团中有一幅高尔夫GTI车型的图片，以及一行字："我真希望我是一辆……新GTI车。"

效果

- 快速的网络转载
- 活动当地汽车经销商表示，广告期间顾客对新款GTI车型兴趣大增

惊悚！

这次非同寻常的路面宣传活动旨在让行人关注社会存在的侵权问题。

创意

当你提着满满的购物袋走在一条购物大街上时，柏油马路上伸出了求救的双手，使劲抓着栅栏形的排水沟盖板摇晃着，看上去就像是在摇晃监牢的铁窗。这是为了让人们了解世界上有着形形色色的囚禁理由，比如"信仰错误""观点错误"或"颜色错误"。这是 2002 年的一次惊悚但极具强烈表达色彩的推广活动。

效果

· 活动期间，网站点击量递增

有点夸张，但是很棒

Slim Fast 是一个减肥食品品牌，生产各种各样的减肥食品。站在体重秤上，你唯一能做的就只剩下望着快速减小的数字震惊了。

创意

　　这是一则路面广告活动，在一块栅栏形的排水沟盖板上有一顶棒球帽。在帽子旁边是一罐刚吃完的 Slim Fast 食品罐。吃了 Slim Fast 的减肥食品，你将瘦得飞快。想出这个创意的人可真是把 Slim Fast 的字面意思"瘦得快"拿来认真用了。

效果

·很多行人为此感到惊奇，并很快通过网络社交媒体发布到互联网上
·广告效应与瘦身效果一样出色：总之就是快！

Andere
denken nach-
wir denken vor.

我们来前思，让别人去后想吧。

乌多·林登贝格

（Udo Lindenberg, 德国著名摇滚歌手）

粉红色来保护你！

在纽约的一家洗衣沙龙里有一则广告，你看了不会觉得不舒服。

创意

滚筒洗衣机的门变成了胃的窗口。这次活动的内容是把人的上半身照片贴到洗衣机上，用滚筒窗的视觉效果来模仿胃中的场景。广告词是"不管你往胃里扔什么，粉红色都在保护着你。佩托比斯摩（Pepto-Bismol）消化药"。

效果

· 活动期间，到周边药店购买此商品的胃部不适的顾客多于以往

有点夸张，
但是很棒

怎样才能让人们切身感受
汽车启停系统（Start-&-Stop）呢？
一项科技功能在这里做到了真实可感知。

创意

　　菲亚特 500 车型的启停功能变得既新奇又好玩。同意参与活动的酒吧、餐馆和剧院的卫生间烘手器被做成汽车的模样，它带来的可不仅仅是热风哦。

效果

　　·在市场上同量级车型中，菲亚特 500 保持着最环保的形象，这次活动更加巩固了它的地位
　　·菲亚特官方网站的环保专栏点击量大增

体重的说服力胜过千言万语
——健康第一（Fitness First）
用它来网罗顾客

真实到无情的广告，
连锁健身工作室以此收获了许多新顾客。

创意

"健康第一"连锁健身工作室在鹿特丹开展的一次游击营销活动，真是够调皮的。一个公交车站的座椅内被装上了体重秤。只要等车的乘客一坐上去，旁边的大显示屏就赫然显示出这位乘客的体重斤数。

特别之处

有些人认为这次活动有破坏隐私保护之嫌，还有些人气得直跺脚。但有一点可以肯定的是，每个人都暗下决心，明天我一定得去健身房了。

效果

· 该活动在知名的广告和设计博客上被转载

档案：

什么？	谁？	在哪儿？	什么时候？
游击营销活动	健康第一健身工作室	荷兰，鹿特丹	2009年3月

给所有人的停车位

　　自行车车位旁的广告牌上写道：献给您这个立柱——辉瑞（Pfizer）。文字配以辉瑞制药公司生产的药片的图片。这则有趣的自行车位广告可让旁边街角处的药店获益匪浅。

为了心脏爬楼去

　　电梯的门上贴着一幅 Becel 商标，下面是一行字："做点运动，爱护心脏。"电梯门打开后看到的是一幅向上的楼梯图画。这是隶属联合利华旗下的一个植物黄油品牌 Becel 所做的广告。效果：很多人看到广告后会心一笑，然后转身去爬楼梯了。

绿色好味道

　　远远看去，一只巨大的白色叉子，叉齿朝上，顶着一个郁郁葱葱、枝叶繁茂的树冠。这是瑞士连锁素食餐厅的一则游击广告。

　　传递的信息很清晰，他们的饭菜新鲜极了！活动开展后，这家餐厅成了街头巷尾的话题，很多新顾客前来光顾。

标新立异，
立于
不败之地。

Es braucht
immer eine
Portion Chaos,
damit Neues
entsteht.

破旧立新
总难免要
经过一时
的混沌。

赫尔曼·谢勒
（Hermann Scherer）

一个火辣的惊喜

世界名模伊娃·帕德贝格（Eva Padberg）亲自把最新的 Otto（德国 B2C 网络电商）广告商品目录送到你的家门口，这是真的吗？
从理论上来讲，有可能——
但其实这只是一次大胆的创意广告活动。

创意

  一个印着伊娃·帕德贝格真人比例照片的厚纸板被放在有监视猫眼的入户门前。每个透过猫眼往外看的人都会看到这位超级模特手拿最新的 Otto 广告商品目录站在门前。这次活动给德国成千上万个家庭带来惊喜。

效果

  ·活动当期，广告商品订单量较之前增长了 4 倍。或许有的消费者还在期待着伊娃把网购的商品亲自送来。

痒得好难受

活动让观众看得浑身发痒，更何况狗狗呢。

创意

福来恩（Frontline）是一款动物驱虫产品，专门应对宠物身上的跳蚤和虱子。厂商把一幅 225 平方米大的巨型贴纸铺满了一家百货大楼的大厅地面，给那里的顾客带来了一次有趣体验。行人走在这幅巨大的贴纸上，从高处看真的就像动物身上的跳蚤一样。既有趣，又有效。

效果

·产品销量上升，活动引起了媒体关注，较常规促销活动而言，销量增幅显著

·活动期间，该产品在药店的销量大幅增长

为了一件好事，暂且先受冻一下

一次巧妙构思的募捐活动向人们展出，对于无家可归的人来说，冬天的日子是多么难过。

创意

在电影院里受冻，为了流浪人员救助组织"5050（fiftyfifty）"的一次宣传活动，杜塞尔多夫的一家电影院竟将空调温度调到8℃。现场还为观众准备了毯子。在正片开始前的一段很短的影片展现了流浪者冬日在大街上生活的场景。之后，室温恢复正常。毯子上的二维码可以直接扫描进行捐资。

特别之处

在这里，观众真正能够切身体验冬天不得不睡在大街上的感受，从而提高了观众的捐资意愿。

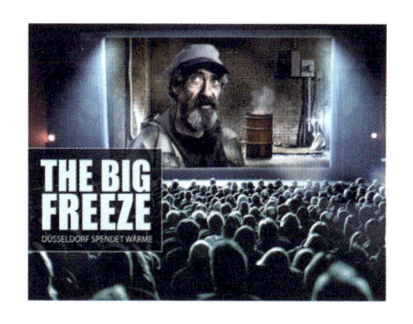

效果

- YouTube 网站上相关视频点击量高达 6.5 万次
- 约 200 个世界各地的网络博客对此进行了报道

现场捐资超过 **3** 万欧元

档案：

什么？	谁？	在哪儿？	什么时候？
游击营销活动	流浪人员救助组织"5050"	德国，杜塞尔多夫	2013年2月

法兰克福书展上飞来的广告

爱希博恩，苍蝇送来的出版社

Der Banner wurde mit Wachs befestigt und löste sich nach einigen Stunden von selbst.

Keine Fliege kam zu Schaden.

到底是什么东西在嗡嗡作响？原来是爱希博恩（Eichborn）出版社的广告派送员，它们造型真是袖珍，而且还会飞。

创意

法兰克福书展上，爱希博恩出版社想出了个特别的主意：会飞的广告纸条。小小的广告纸条被用蜡粘在了苍蝇身上，然后这些小信使飞向来参加书展的人群，真是让人瞠目结舌。

特别之处

一个前所未有的全新想法。这家出版社用真苍蝇获得了独一无二的关注。奇怪的，也就是引人注目的。

效果

- 活动中使用了约 200 只苍蝇，固定好广告纸条后被放飞到书展展馆中
- 书展上吸睛率高达 100%

活动首月 YouTube 网站相关视频点击量超过 **80** 万次

档案：

什么？	谁？	在哪儿？	什么时候？
病毒营销活动	爱希博恩出版社	德国，法兰克福	2009 年

Wer interessieren will, muss provozieren.

要想唤起别人的兴趣，你就得去拨动他的神经。

萨尔瓦多·达利
（Salvador Dali, 西班牙超现实主义艺术家）

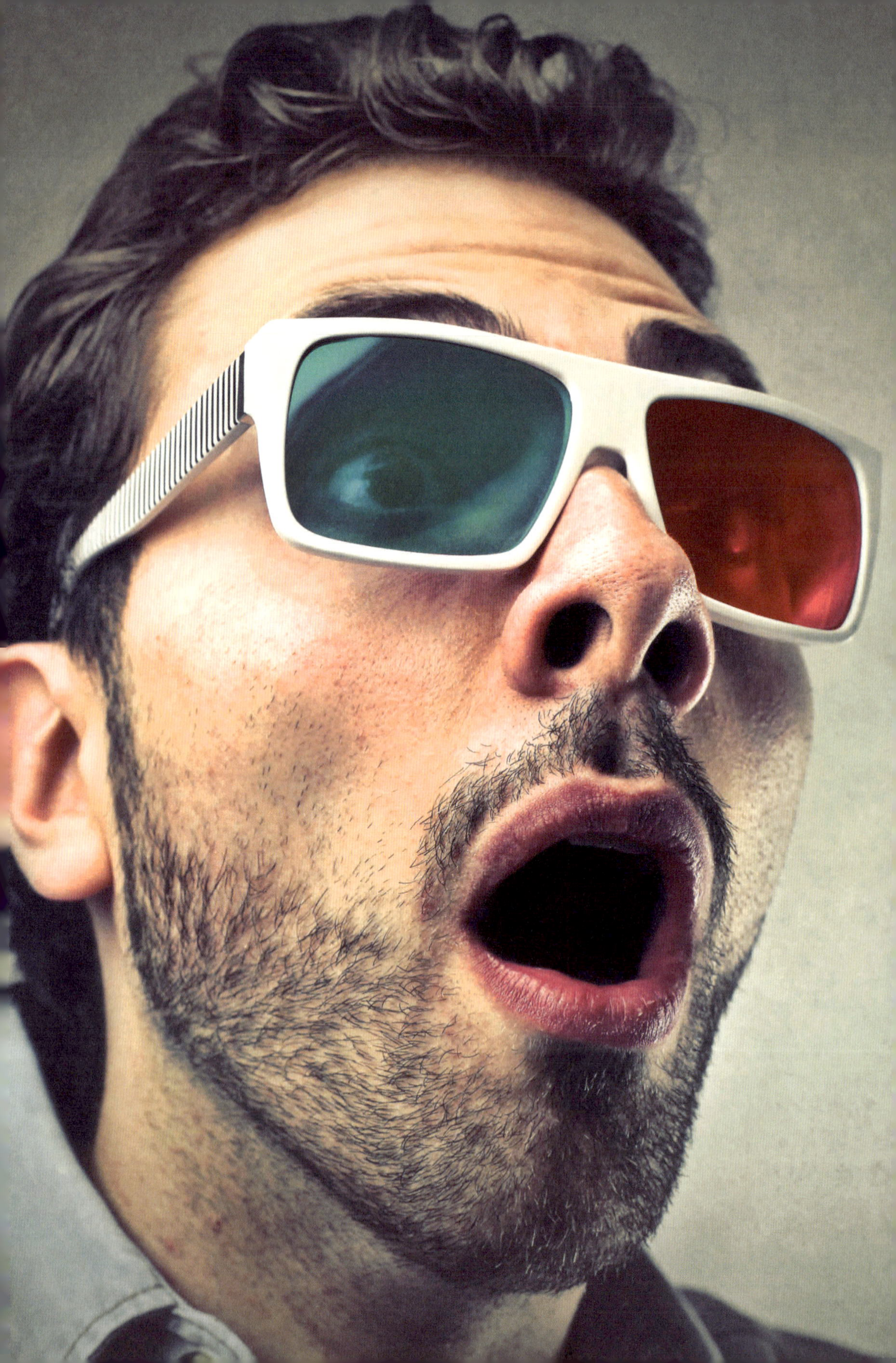

4.3 电视 & 病毒营销 TV & VIRALS

好戏，宝贝！一个红色的按钮摆在那里，好戏即将上演。

TNT 电视台用一段奥斯卡大片般的戏码引爆了比利时的一座小城。

创意

"按下按钮，来点好戏。"——摆在步行街正中央的一个红色按钮，上方3米高的地方悬挂着一个大大的箭头，上面写着这句话。谁如果真这么做了，谁绝对不虚此行。因为在行人眼前立即上演一出真正的动作片。最后在对面建筑外墙上展开一幅广告布作为片尾，上面写着：你每天不能少的好戏。

特别之处

一段无法忘怀的现场式病毒营销广告，通过媒体被广为传播，其营销效力甚至在活动结束后仍持续很久。而且这段现场的动作戏逼得令人难以置信，让人们有理由相信，这家电视台真的懂什么是好戏。

效果

· 迄今为止，在 YouTube 网站上被转载 400 万次
· 在最初的 24 小时内，YouTube 网站点击量达 1000 万次，并被转载至 Facebook 网站上百万次

活动至今 YouTube 网站上相关视频点击量已达到 **4500** 万次

档案：

什么？	谁？	在哪儿？	什么时候？
病毒营销活动	TNT 戏剧频道	比利时	比利时

如果男士们站在自动提款机前取钱，结果出来的钱少了20%，会怎么样呢？

"女人中心"妇女组织用这次行动来引导公众关注一个现实的问题。

创意

1981 年，男女平等就被写入了瑞士宪法。然而法定义务并没能消除男女间明显的工资差距。具备同等教育、能力和职位的妇女，其工资平均比男士少 20%。在瑞士"同工同酬日"之际，苏黎世的妇女组织"女人中心"，要让男同胞们在这一天充分感受一下在财富方面被歧视的感觉。

当时，所有男士拿到的钱都比想取的金额少了 20%

特别之处

只有自己切身体会过，才能去关注、理解，然后做出改变。这个活动的手段相当大胆，所以给人留下的印象也是持久的。当然，自动提款机少付的那 20% 最后还是物归原主了。

效果

· 英文版视频在活动期间被点击 22 万次

11 个月内 YouTube 网站相关视频浏览量达 **1.5** 万次

档案：

什么？	谁？	在哪儿？	什么时候？
病毒营销活动	苏黎世"女人中心"妇女组织	瑞士，苏黎世	2013 年 3 月

减肥——有正确的动力就能奏效

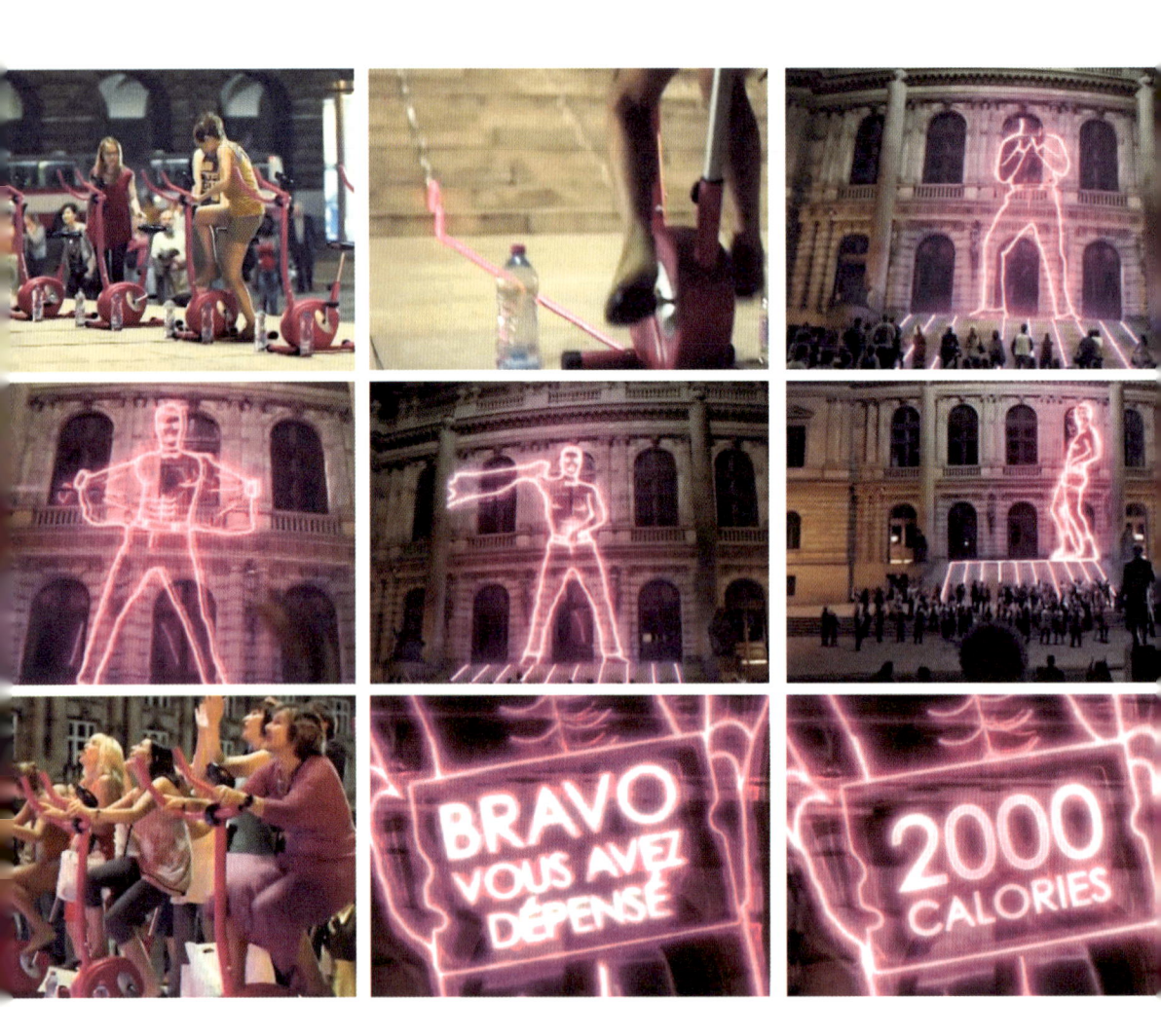

为了看一段现场"脱衣舞秀",值得在脚踏车上挥洒汗水。雀巢旗下的康婷(Contrex)矿泉水摆在前方,好让你降降温。

创意

"康婷瘦身矿泉水"开展了一次有趣的营销活动：在一个人流交织的广场中央摆放一排粉红色的健身脚踏车。出于好奇，一些路人开始凑过来使用这些设施。人们蹬车产生的能量以电的形式传到电线上，让霓虹灯亮起来，显示出一个随音乐起舞的男性轮廓。蹬车的人们绝大部分是女性，她们越卖力气，霓虹灯舞男的衣服脱得越多。一场舞下来，让人汗流浃背！幸好脚踏车近旁就放着解渴的矿泉水。

特别之处

看来，只要找对了动力，再加上可口的饮用水，减肥可以变得如此简单。

效果

· 媒体反响强烈
· 品牌知名度得到提升

YouTube 网站相关视频浏览量至今已达 **1100** 万次

档案：

什么？	谁？	在哪儿？	什么时候？
游击营销活动	雀巢	法国，巴黎	2011 年

Wer weit springen will, muss schnell anlaufen.

想要跳得远，助跑就得够快。

珍妮·哈雷尼
（Jeannine Halene）

3分钟什么都不做 = 一罐啤酒

阿姆斯特尔（Amstel）啤酒自动售货机竟然能使路人一动不动3分钟。真正做起来可一点都不容易。挑战成功的人可以得到一罐啤酒作为奖励。

创意

我们的世界忙碌、紧张而喧嚣。还有什么比一个人静静地享受一罐冰镇啤酒更惬意呢？一台饮料自动售货机带给人们"强制休息"。只要在售货机前静止3分钟，出货口就会吐出一罐啤酒。听起来简单，其实没那么容易做到。

特别之处

这里的魔咒是"邀约"：吸引人们的正是参与其中的乐趣。再说了，谁愿意放弃一罐免费的啤酒呢？

效果

· 在16天中，从16点到21点的活动时段内，设在索菲亚市中心的这台自动售货机记录下的：

人们静止时间共计 67 小时
平均每天使用量为 84 人次
共送出啤酒 1344 罐

档案：

什么？	谁？	在哪儿？	什么时候？
病毒营销活动	阿姆斯特尔啤酒	保加利亚，索菲亚	2013年7月

一家传统品牌的
网络社交媒体发展史

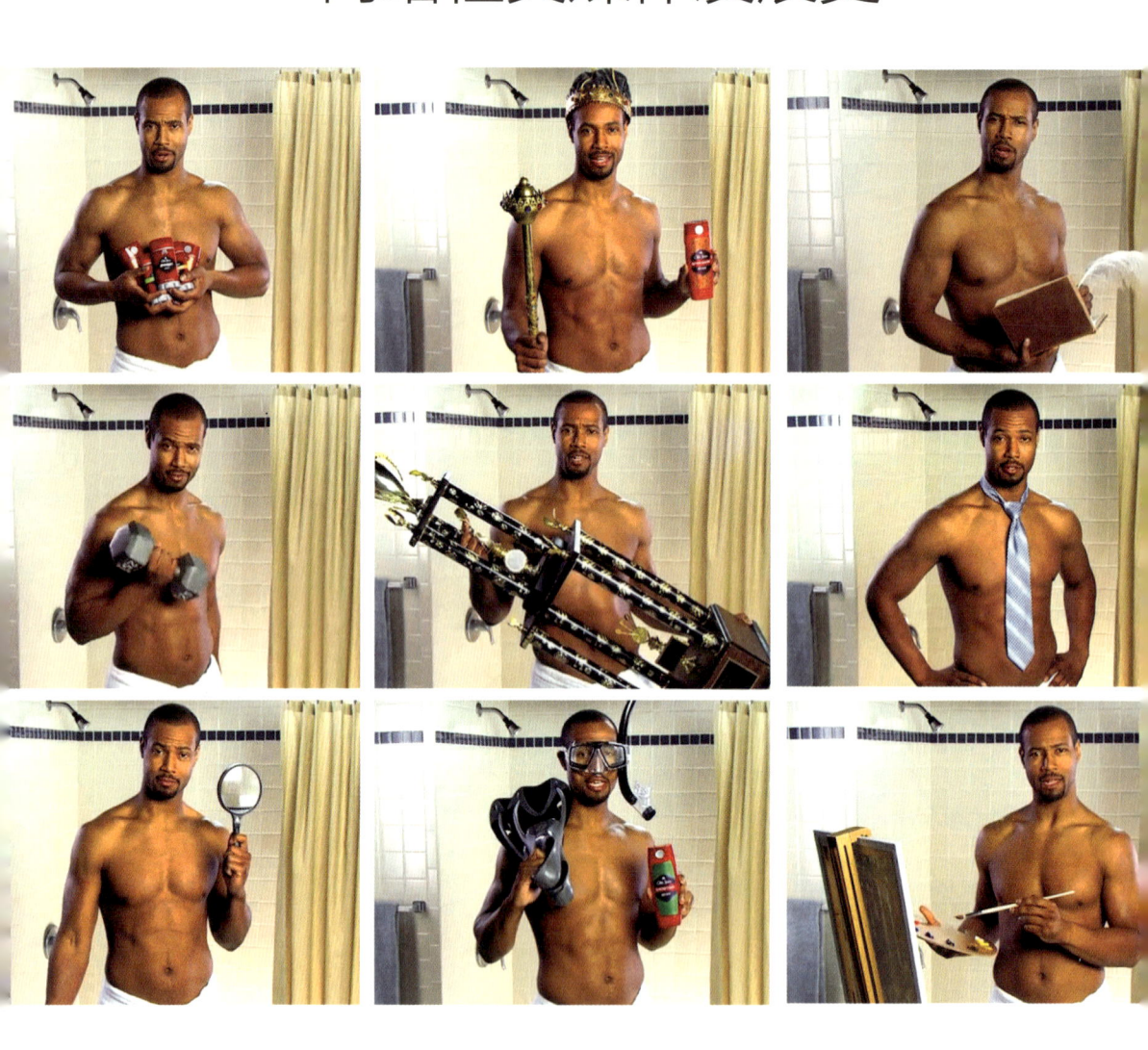

为了拯救一个几乎被人遗忘的男士香体剂品牌——老香料（Old Spice），"老香料男人"走进了我们的视线。

创意

在一则由很多片断组成的电视广告中,一位拥有型男外表的退役足球运动员——伊萨阿·穆斯塔法(Isaiah Mustafa)告诉观众:"你的男人,也可以闻起来像我这样的男人。"在这则广告中,虚拟的场景不断变换,唯一连续的图像就是男主角和他看向镜头的目光。这段造价不菲的"折叠影片"广告在戛纳国际广告节上摘取影视类广告大奖。它被奉为经典,并在网络上迅速传播。

特别之处

"老香料男人"以时尚的造型和诙谐的语言出现在各个场景中,一举打破了该品牌此前的古板形象。这足以说明,谁敢于突破自己,谁就能成功!

效果

- 广告在 2010 年 2 月播放后,网站访问量增加了 300%
- Twitter 关注数达 10 万
- Facebook 粉丝数量达 70 万
- Facebook 网友互动量增加了 800%

YouTube 网站相关视频浏览量达 **1.1** 亿次

档案:			
什么?	**谁?**	**在哪儿?**	**什么时候?**
病毒营销活动	保洁公司,老香料品牌	全世界	2010 年

一次让人心惊肉跳的营销活动

真正的游击营销活动绝不会去做往城市的大街小巷贴小广告这种事。纽约的街头潮流服饰与滑板品牌公司祖约克（Zoo York）把游击营销提升到了一个新层次。

创意

祖约克的团队把公司标志用模板喷到了上千个活蟑螂身上。之后这些蟑螂被装在背包中，团队成员滑着滑板或骑着山地车把它们带到华尔街并放生。活动全程录像，并以传单和 T 恤衫的形式进行补充宣传。时至今日，蟑螂仍在该公司的市场营销工作中占有重要一席，并作为公司的象征出现在广告中。

特别之处

这次活动的惊悚效果是不言而喻的。不管人们目前是褒是贬，这场借助小虫子完成的营销活动给所有人都留下了十足深刻的印象，至少在这些蟑螂的有生之年无法被遗忘！

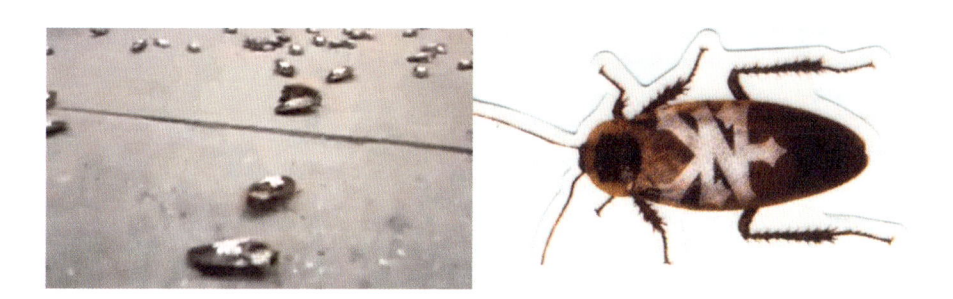

效果

自视频上传至 YouTube 网站以来
浏览量达 **18.3** 万次

档案：

什么？	谁？	在哪儿？	什么时候？
游击营销活动	祖约克	美国，纽约	2008 年

Wer die Form beherrscht, darf in die Suppe spucken.

如果能够主宰规则，即便往汤里吐口水也无可厚非。

汉斯·皮特·威尔伯格
（Hans Peter Willberg, 德国印刷艺术家、插图画家）

这美妙的啤酒佳酿到底来自哪里呢？这个问题终于有了答案。

嘉尔顿联合啤酒厂（Carlton United Breweries）旗下的金发女郎（Pure Blond）牌啤酒总是以新颖的广告夺人眼球，这次也不例外——来自天堂的大众啤酒。

创意

梦幻般的仙境，绿树环绕，宁静祥和，友善的彼此，动物与人类和谐相处。一处湖泊盈满金色的湖水，圣洁的金发女郎亲手将湖水盛入瓶中。啊，原来这啤酒是这么来的！然而，这美妙的田园诗戛然而止。肥胖、邋遢、粗鲁，现实版消费者形象的出现重塑了整个画风。尽管如此，我们还是觉得这很有趣，其他人的想法大概也是一样吧。

特别之处

金发女郎牌啤酒的消费者用行动证明着：他们也可以自嘲。顾客反响良好，网络点击量也可圈可点。

效果

YouTube 网站相关视频浏览量达 **70** 万次

档案：

什么？	谁？	在哪儿？	什么时候？
电视广告	嘉尔顿联合啤酒厂，金发女郎啤酒	澳大利亚	2007 年

"笑死人了"——贝立兹外语培训学校帮你摆脱外语障碍。

Berlitz Language for life

Improve your English

贝立兹（Berlitz）外语培训学校用一些搞笑的广告情节来招揽学员，例如"德国海岸巡逻员"。

创意

"What are you sinking about?"（广告中台词，外语蹩脚的巡逻员把英语中"沉没"与"思考"两个发音相近的词弄混了，在对讲机中传来溺水呼救时还问对方"你在思考什么？"）你能想象到德国人讲英语时那种语调吧……简直让人啼哭皆非！为此，贝立兹外语学校，用这样一段极具讽刺意味的广告来为外语培训课程做宣传。

特别之处

带着强烈的幽默感，德国人的英语问题被生动刻画了出来，同时也向公众推广了外语培训。这些广告成了贝立兹外语培训品牌的一抹亮色。它告诉人们，学习也可以是快乐的，就算是外语学校，一定程度上也可以做到很酷。

效果

· 贝立兹网站点击量极速上升！

YouTube 网站相关视频浏览量达 **100** 万次

档案：			
什么？	谁？	在哪儿？	什么时候？
病毒营销活动	贝立兹外语学校	全世界	2006 年

看一把破吉他如何转变为一场巨大的成功

一个有创意的人如何借助网络的力量把一家大公司弄得天翻地覆，戴维·加洛尔（Dave Carroll）是一个成功典范。

创意

在一次乘坐美国联合航空公司（United Airlines）的飞机旅行后，音乐人戴维·加洛尔发现他的吉他被弄坏了。围绕损失赔偿的争执就此开始，并在持续了 8 个月后依然无果。这时，加洛尔想起了他的特长——写歌。他把自己的这段经历创作成了一首歌曲，录制了一段视频，然后发到 YouTube 上。仅用了短短 4 天的时间，观看该视频的用户就达到百万人。美联航的股票价格下跌了 10%，市值估算蒸发了 1.8 亿美元。后来这些事被收录进《美联航弄坏了我的吉他》一书中。这本书从此成了描绘企业与顾客关系的典范。它告诉我们，在网络社交媒体风行的时代中，个人渺小的声音如何寻求表达。

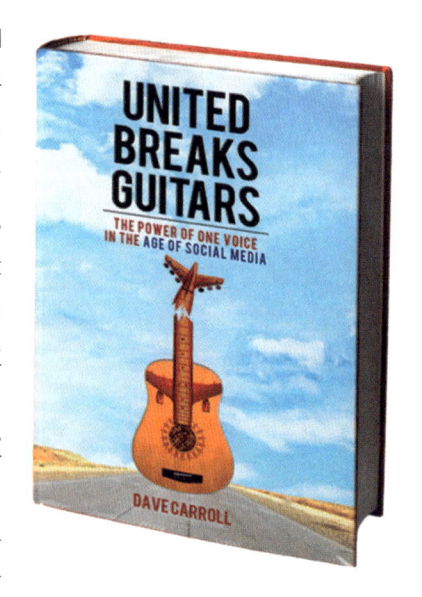

特别之处

商业帝国正在逐渐意识到，如果以不友好的方式对待顾客，将会给品牌带来怎样不可估量的损失。

效果

- 1.5 亿人知晓了这场纠纷
- 很多公司改善了服务
- 此书被视为处理客户关系的重要文献

YouTube 网站相关视频浏览量达 **1300** 万次

档案：

什么？	谁？	在哪儿？	什么时候？
网络社交媒体活动	戴维·加洛尔	加拿大，哈利法克斯	2009 年 7 月

Good is
the enemy
of great.

好是伟大的敌人。

伏尔泰
（Voltaire, 法国思想家、文学家、哲学家）

有攻击性的熊猫?
——千万别说不可能!

一组来自埃及的成功"病毒"广告中,一只可爱的"熊猫"非常执着,想把它的产品"卖"给别人。

创意

每段广告都围绕着一个主题展开：有人拒绝了熊猫产品。紧接着一只大个头的熊猫横空出世，对人进行恐吓。背景音乐播放着巴迪·霍利的歌曲《这样才是真爱》(True Love Ways)。结尾处总是出现相应的产品，配上一句话"永远不要对熊猫说'不'"。

特别之处

一则冷笑话与原本可爱的熊猫形象结合起来，让这组广告成了滑稽的短视频。这里的格言是："期待着出乎意料。"就是这一点造就了这组广告的成功，因为观众根本没法估计到这样惹人爱的熊猫会有如此粗暴的反应。

效果

- 引起国际媒体的极大关注
- 夺得 2010 年度戛纳广告节银狮奖（埃及广告首次获奖）

YouTube 网站相关视频浏览量 22 个月里突破 **1700** 万次

档案：			
什么？	谁？	在哪儿？	什么时候？
病毒式电视广告	ArabDairy 公司，熊猫牌奶酪	埃及	2010 年

不会有人想赶走这只"魔鬼"

这可怕的叫喊声是不是很熟悉？
德沃（Dirt Devil）[3]**吸尘器借助著名的**
经典恐怖电影《驱魔人》达到宣传的效果。

[3] 译者注：Dirt Devil 字面意思是灰尘的魔鬼。

创意

德沃公司在互联网上发布了一则病毒式广告，把目标对准了男性用户群体。这则广告用熟悉的场景让人想起《驱魔人》这部家喻户晓的恐怖片，可以说是为恐怖电影爱好者量身打造。广告充分展示了德沃吸尘器的强大的吸力。你一定得看看，一开始有点吓人，然后你就会开怀大笑。

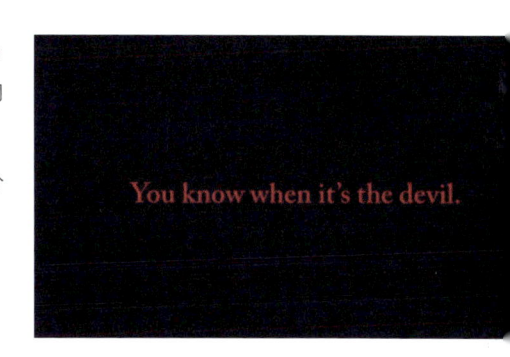

特别之处

《驱魔人》为大家所熟知，正因如此，广告结尾处意外的一刻才会如此成功。这则广告的设计者再次使用了出其不意的手法。

效果

- Vimeo 和 YouTube 网站浏览量达 3200 万次
- 通过电子邮件转发 280 万次
- 在相关博客和电影节上被提及 2.9 万次
- 网页访问量上升 52%
- 品牌知名度在男性用户群体中上升 39%

广告视频在 Facebook 网站上被转载 **82** 万余次

档案：

什么？	谁？	在哪儿？	什么时候？
病毒式广告	皇家用品国际有限公司，德沃吸尘器	全球	2011 年

男人们的梦想实现了

广告总喜欢拿男女性别化差异来做文章。喜力（Heineken）啤酒为此提供了一个富有娱乐性的实例。

创意

在一次私人派对上，骄傲的女主人正在展示她那大得能让人走进去的衣柜。歇斯底里的尖叫和挥舞的手臂表现出女客人们的兴奋之情。突然，一阵男人们的叫喊声盖过了她们。场景切换到另一边，男主人正在向他的朋友们展示他那能走得进去的冰箱，里面一整屋子的喜力啤酒。这次活动还包括在阿姆斯特丹的多个广场空地上摆放一些超大的冰箱包装纸箱，暗示人们在现实中的可以真买到这样的冰箱。

特别之处

一个名为"我想要喜力广告里那台冰箱"的 Facebook 网友群应运而生。短短 50 天内成员人数就达到了 26500 人，而且每天还有新网友加入。

效果

- 活动期间，谷歌记录下的搜索记录多达 14.7 万次
- 喜力是西欧地区最赚钱的啤酒厂

广告视频在 YouTube 网站上浏览量超 **1000** 万次

档案：

什么？	谁？	在哪儿？	什么时候？
病毒式营销	喜力啤酒	荷兰	2009 年

Was träumen Sie, wenn Sie wach sind?

你醒着的时候会做什么样的梦呢?

赫尔曼·谢勒
(Hermann Scherer)

Gefällt mir!

4.4 社交媒体

SOCIAL MEDIA

这个能粉碎吗？

如何能让粉碎机——这件厨房标配电器重新变得有吸引力，成为人们争相购买的目标呢？很简单，放一部苹果手机进去搅拌！

创意

"这个能粉碎吗?"现在这句话在美国简直成了最热门的广告词之一。德国目前只有少数人听说过,但是也偶尔会有网友碰巧看到这样的视频:一位头发花白的男士穿着白大褂,总是把各种莫名其妙的东西塞进粉碎机中粉碎,然后给出他的结论。最新的一段视频中用的是 iPhone 手机,之前是 iPod 以及各种"IT"设备,然后……最终,粉碎机把它们都变成了粉末。

特别之处

一件无聊的东西借助一个绝对酷的点子创造了难以置信的销量。谁还敢说厨房里的事情无聊呢?

效果

- 活动期间该视频被点赞 5 万次
- "这个能搅拌吗?"成了流行语
- 活动期间 Twitter 关注量达 2 万人次

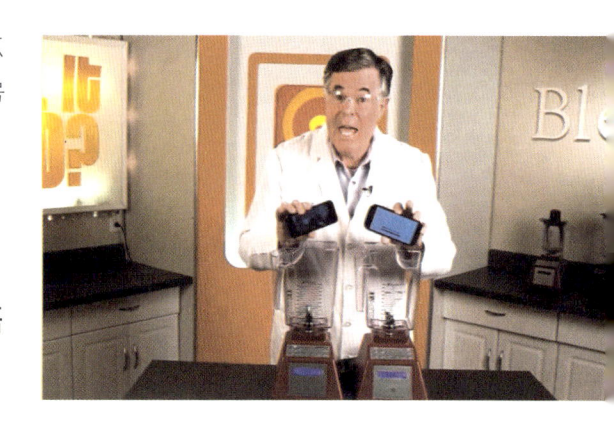

粉碎 iPhone 的视频在 YouTube 网站上浏览量超 **140** 万次

档案:

什么?	谁?	在哪儿?	什么时候?
病毒式营销活动	K-TEC 科技有限公司,Blendtec 粉碎机	美国	2007 年

给我们来点，Facebook

对于约瑟夫面包来说，星期四是个好日子。

很多周末紧随周四来临，可这还不够！

我们愿把每个周四都当作周末，这样你就有更多的理由来享用我们甜美的烘焙啦。

欢迎光临约瑟夫面包！请在布置精美的餐桌边落座吧。

维也纳的一家有机面包店利用 Facebook 招揽生意，而且他们做到了。

创意

维也纳的一家有机面包店充分利用了 Facebook 的营销功能，如开设公司公众号、抽奖游戏、搭载广告以及收费报道等，目的是寻找和获得新顾客，并让品牌被更多人所知晓，整个做法非常成功，目前网页点赞量已经达到 1.6 万。看来，这家面包店不只做出了最好的面包，还做出了最棒的营销！

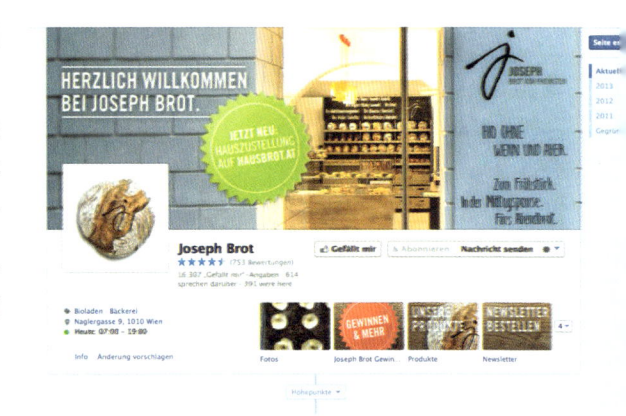

特别之处

突显自己并不见得一定要用标新立异的做法。坚持诚实，时间久了，粉丝自然会来。

效果

- 450 余人参与抽奖游戏
- 85 位粉丝将"约瑟夫面包"进行了推送
- 新增 600 余人订阅促销信息

从开始至今，粉丝量已增长 **200%**

档案：

什么?	谁?	在哪儿?	什么时候?
Facebook 公众号	约瑟夫面包	奥地利，维也纳	至今

真正把 Facebook 用得有意义

用 Facebook 来寻找献血志愿者。
一个能救人性命的好主意。

创意

利用 Facebook 做了一件有意义的事。他们与一家代理公司一起发起了"血液小组"活动。他们的想法是通过 Facebook 寻找合适的献血志愿者。为此，他们创立了 8 个 Facebook 网友群组，分别对应 8 种血型。愿意献血的 Facebook 用户可以加入对应的群组。这些群组吸引了大量的网友前来参与，现在就连红十字会都要借助他们的力量，在发生紧急情况时寻找适合的捐献者。

特别之处

Facebook 在全球广泛覆盖方面的优势被用来做一件意义非凡且能挽救生命的事情。此次活动获得了极好的媒体传播效应，让很多从未献过血的人也加入了"献血群组"。

效果

- 巨大的媒体反响
- 数千人加入"献血群组"
- 很多人的生命因此得以延续

档案：

什么？	谁？	在哪儿？	什么时候？
Facebook 公众号	NATAL	以色列	2011 年至今

Fantasie ist wichtiger als Wissen, denn Wissen ist begrenzt.

想象力比知识更重要，因为知识是有限的。

阿尔伯特·爱因斯坦
（Albert Einstein, 世界著名物理学家）

展示一下你的所长

为了求"赞",斯图加特绘图学校竟让绘图课程的学员们画 Facebook 头像。

创意

用头像照片进行绘画：每个在斯图加特绘画学校 Facebook 网页上点赞的网友都能获得一张以其 Facebook 个人主页照片为模板的手绘头像，而且这些手绘图还被集中展示在一张海报上。这是一次向人们展示在这所学校所学技能的好机会。而且，这次活动非常受欢迎，对这里的学员来说，绝不会出现缺乏临摹素材的情况。

特别之处

绘画学校展示了他们的教学强项，学生们获得了源源不断的免费临摹素材。何况还有提高学校知名度这项增值效应。

效果

- 绘画学校在斯图加特大学举办了手绘肖像画展
- 绘画课程热度上升

活动至今 Facebook 上
已被点赞 **1900** 多次

档案：

什么？	谁？	在哪儿？	什么时候？
Facebook 公众号	斯图加特绘画学校	德国，斯图加特	2010 年至今

扭一扭，舔一舔，泡一泡
——一百年的历史

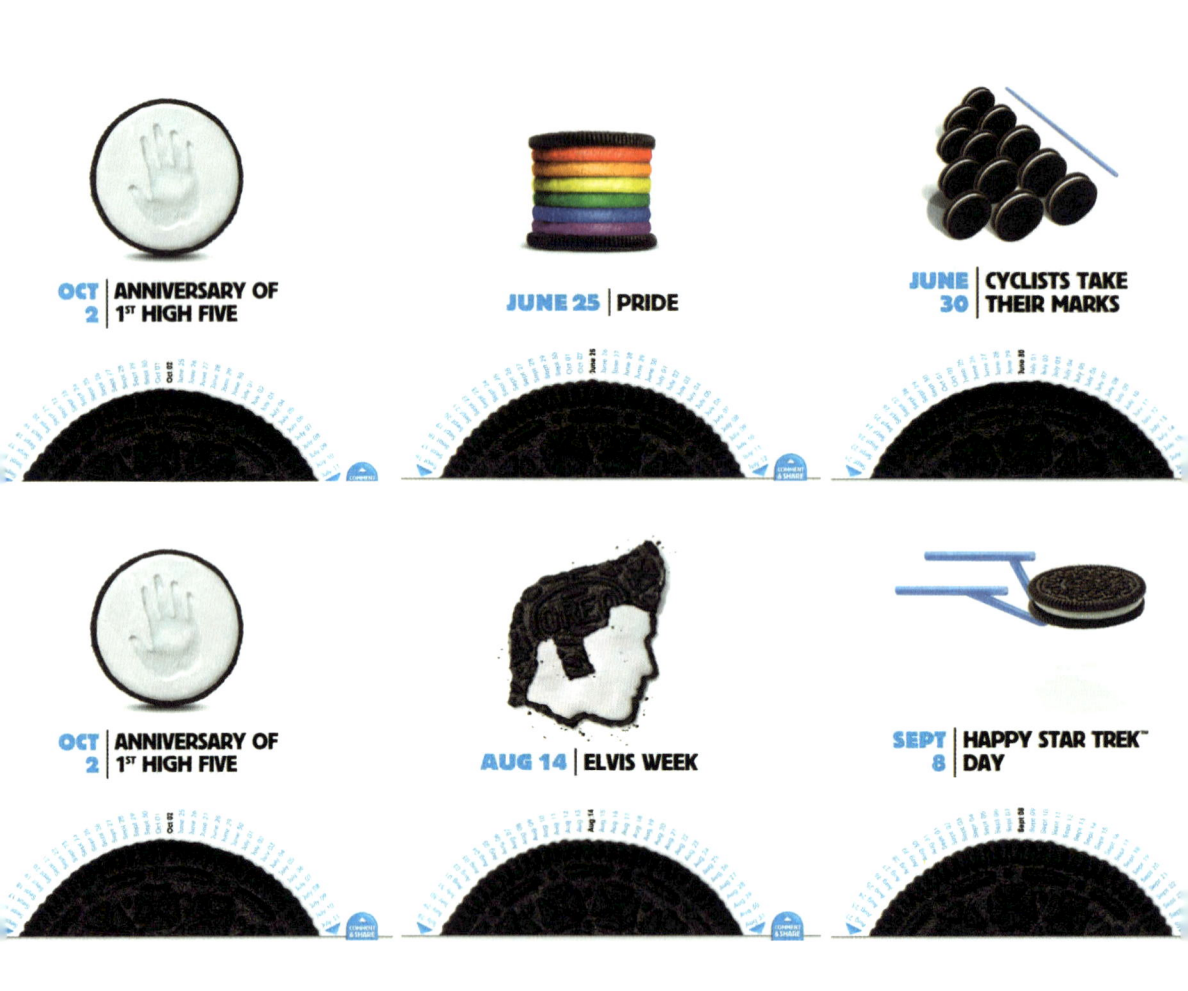

OCT 2 | ANNIVERSARY OF 1ST HIGH FIVE

JUNE 25 | PRIDE

JUNE 30 | CYCLISTS TAKE THEIR MARKS

OCT 2 | ANNIVERSARY OF 1ST HIGH FIVE

AUG 14 | ELVIS WEEK

SEPT 8 | HAPPY STAR TREK™ DAY

为庆祝 100 周年华诞，饼干生产商奥利奥发起了一次网络社交媒体活动。要扭一扭再吃的饼干是活动的主角。

拒绝平庸

创意

在纪念品牌诞生 100 周年之际，奥利奥每天在各大网络社交媒体上发布一件小小的"饼干工艺品"照片——总共持续了 100 天。此次活动令人印象深刻。这些"工艺品"表现的主题丰富多彩，有的关于时事，有的涉及大众文化，有的回顾历史重要时刻，还有国庆专题，如美国国庆 7 月 4 日等。活动收官时，厂商在纽约时代广场设立了一间流动工作室，路过的人都可以为活动最后一天的"每日扭一扭"饼干造型提供建议。被采纳的建议最后会在电子广告屏上进行展示，当然还将发布在网络社交媒体上。看，粉丝们就是如此直接地参与到了活动中来。

特别之处

这次"每日扭一扭"活动利用了全世界奥利奥粉丝皆熟知的"规定动作"——扭一扭，舔一舔，泡一泡。在其中几天的工艺品照片上我们还能看到奥利奥老搭档的身影——一杯牛奶。

效果

- 活动转发量增长 280%
- 媒体受众高达 2.31 亿
- 2012 年成为品牌知名度提升最快的一年（+49%）

YouTube 用户超 4.33 亿

档案：

什么？	谁？	在哪儿？	什么时候？
网络社交媒体活动	亿滋国际集团，Nabisco 公司，奥利奥饼干	美国	2012 年 6 月

Facebook 点赞功能攻占现实世界

巴西的 C&A 时装店里使用了内置 Facebook 集赞数显示器的衣架。

创意

一般来说，在网络商店里畅行无阻的东西用到现实世界里可就要困难得多了。Facebook 用户如果特别喜欢某一款服饰，可以通过 Facebook 点赞功能来表达喜爱之情。

C&A 时装把这种做法引进现实世界中，用到了位于巴西圣保罗的旗舰店里，那里的衣架被装上了电子显示器，上面实时显示着该款时装在 Facebook 上 C&A 品牌主页中得到的点赞数。手机上装有"点赞 C&A 时装"APP 应用程序的用户，还可以把"赞"献给最多 10 款母亲节时装系列。

特别之处

将网络行为方式与现实世界结合在一起。

效果

- 在 Facebook 上，C&A 已成为巴西最大的时装品牌之一
- 在各大网络社交媒体上共新增 28.5 万粉丝
- 800 余次媒体报道
- 母亲节时装系列销售情况好于以往

新增 5.5 万 Facebook 粉丝

档案：

什么？	谁？	在哪儿？	什么时候？
为母亲节时装系列开展的网络社区活动	C&A 时装	巴西，圣保罗	2012 年 3 月

Mitdenken
ist erlaubt.

共同思考，有益无害。

珍妮·哈雷尼
(Jeannine Halene)

一次纸条寻宝游戏竟让我们得到了观看秘密演唱会的前排席位

DAS GEHEIME KONZERT
#CATCHCASPER

德国最著名的说唱歌手卡斯伯（Casper）通过视频号召歌迷参与一次纸条寻宝游戏活动，目标是找到卡斯伯和他的秘密演唱会。

创意

几千名卡斯伯歌迷在 2014 年 9 月 5 日那天为了找纸条忙碌在柏林街头，从广播、Facebook 和 Twitter 上陆续散播着一个接一个的提示。他们的目标是通过这次名为"抓住卡斯伯"的纸条寻宝游戏得到一场绝密演唱会的入场券——一个小纸环。近 1300 名歌迷成功将纸环戴在了手腕上，最终得以与卡斯伯一起为音乐狂热。

在一辆 10 米长的大巴车顶上，卡斯伯让歌迷们摇滚着、狂热着。这次没有乐队，没有焰火，只有印花上衣，卡斯伯自己和他的 DJ 乔伊。

特别之处

这种专属的感觉，由卡斯伯亲自直播发布的秘密信息，都增进了歌迷对艺术家的关联感。

效果

· 在网络社交媒体上广为传播

· 卡斯伯写道："非常、非常、无法穷尽地感谢 9 月 5 日那天在场的所有人！那是一次难忘的经历，一次真真正正的演唱会！"

Vimeo 视频网站转载量达 **4.6** 万次

档案：

什么？	谁？	在哪儿？	什么时候？
病毒宣传活动	卡斯伯	德国，柏林	2014 年

列车站台的边缘隐藏着死亡的危险。所以，请与铁轨保持距离！一次网络宣传活动警示人们，如果站得离站台边缘过近，你将有可能会被急速驶过的列车吸裹进去。

创意

"笨笨的死法"是澳大利亚墨尔本地铁公司的一次安全宣传活动，目的是防止人们站立的位置过于靠近地铁站台边缘而引发事故，因为这样人们可能会被过往列车产生的吸力裹进去，并导致死亡。这次活动主要借助虚拟媒介进行宣传，由墨尔本的一家广告公司进行方案设计。其中特别引人注意的部分是 2012 年 11 月发布的与活动同名的音乐视频，里面的动画角色直截了当地展示了各式各样的"死法"。

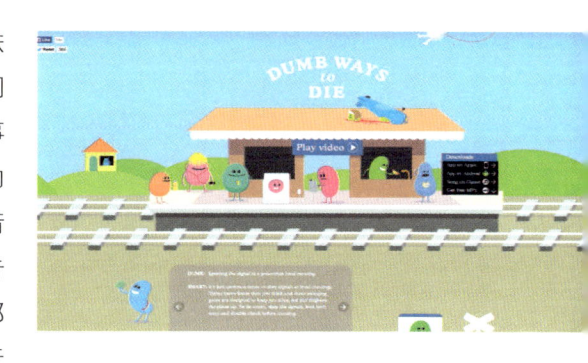

特别之处

把安全重要性用可爱的方式表现出来，达到向目标群体传递信息的目的。

效果

- 活动以来转发量已达 380 万次
- 地铁站事故数量下降 21%
- 主题曲跻身苹果产品 iTunes 榜单第 10 名

活动最初的 10 天内 YouTube 网站相关视频浏览量突破 **100** 万次

档案：

什么？	谁？	在哪儿？	什么时候？
病毒宣传活动	地铁公司	澳大利亚，墨尔本	2012 年

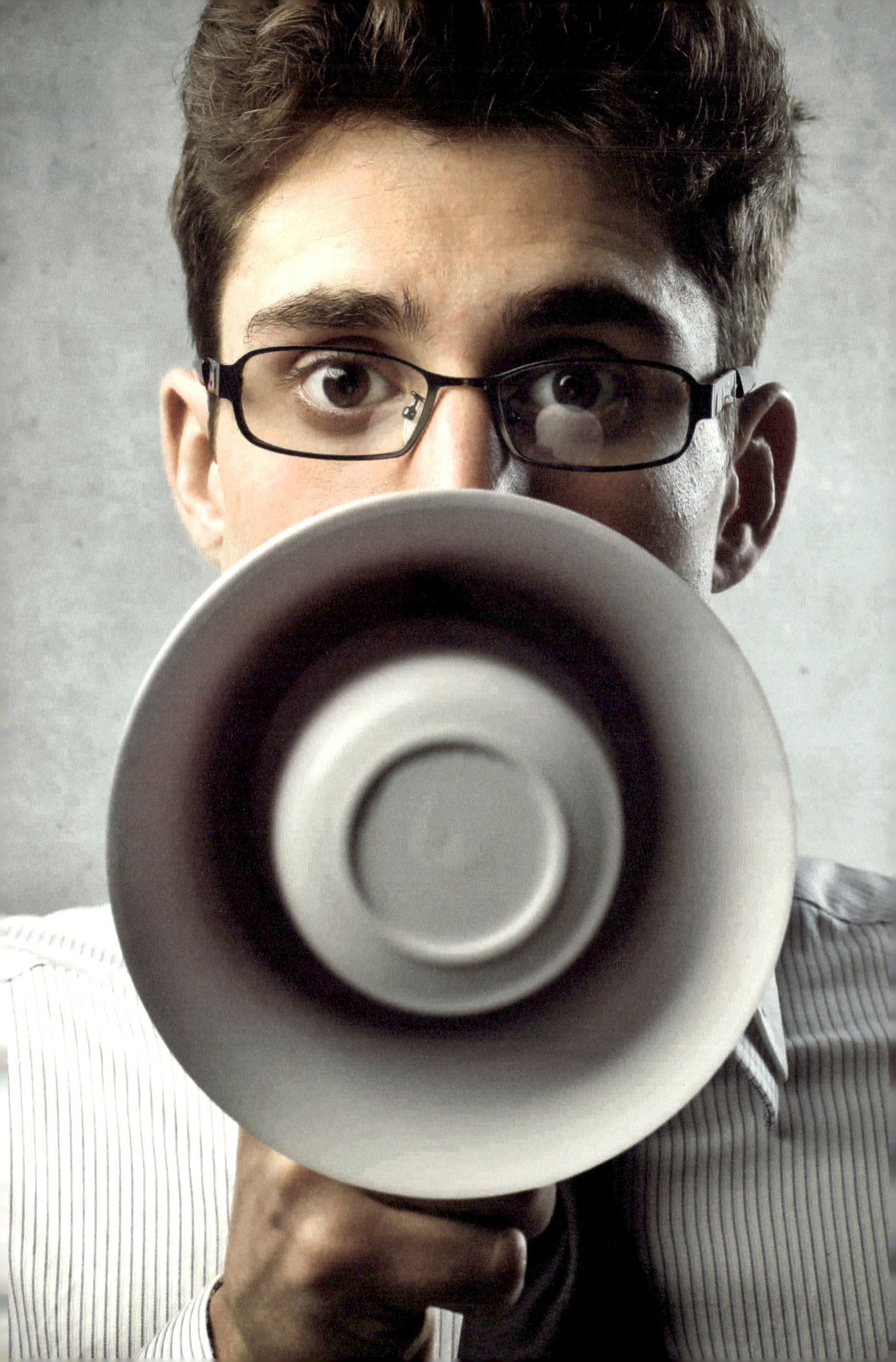

4.5 营销活动

KAMPAGNEN

煎蛋还是抱枕？

BED & BREAKFAST
Double room starting from
61,00 €

B&B HOTELS

那个是不是长得像奶酪切片的被子？这个，是枕头还是煎蛋？其实两个都是！一个创意的广告设计让床和早餐融为一体。

创意

为了宣传 B&B 旅馆的"床 + 早餐"套餐，一次推广活动将两个概念以有趣且直观的方式结合起来。

特别之处

"床 + 早餐"是个常见的旅店概念，而在这里却按字面的意思加以运用。真是出乎意料，吸引目光！

效果

- 2012 年，B&B 旅馆订单量高增
- 新增数家分店——好的广告能为自己赚钱

档案：

什么？	谁？	在哪儿？	什么时候？
印刷广告	B＆B旅馆有限公司	德国	2012 年 7 月

用面包来对抗乳癌

丹麦最大的烘焙产品生产商 Kohberg 公司以生产小面包的方式来支持乳癌患者与病魔抗争。

创意

为了对丹麦的乳癌患者给予支持，丹麦最大的烘焙产品生产商 Kohberg 公司想到了一个好办法。为了让这款面包在货架上更醒目，他们给面包袋子"穿"上了"胸罩"。一眼望去，那些小面包简直能以假乱真。每卖出一袋面包，Kohberg 公司将捐赠一克朗给"丹麦癌症协会"。为了配合这次活动，他们还专门开设了一个可供查询背景信息的网站，并在超市和大货车上张贴广告。

特别之处

这是一次令人印象深刻的活动，不仅做了一件善事，还给企业形象增添了一抹亮色。留在人们记忆中的是，Kohberg——一个戴胸罩的面包。

效果

- 为慈善事业捐资 18 万丹麦克朗
- 巨大的媒体反响
- 大量网络转发

75 天内售出面包 18 万袋

档案：

什么？	谁？	在哪儿？	什么时候？
小面包	Kohberg 烘焙集团	丹麦	2011 年

文字和图片的巨大反差引发了想出去走走的愿望

在一片金融街区中，一位职场女性在连续满负荷加班两周后还是准时来到了健身房。

△Schöffel

你所读到的，并非你所看见的。但这还是立即唤起了人们的渴望。那么，穿什么衣服合适呢，Schöffel 给出了答案。

创意

作为传统户外服装品牌，Schöffel 用一句简单的品牌宣言"我外出了"彰显出自己的定位，那就是反对被夸大了的绩效思维。因为，所谓的绩效观念不只掌控了我们的工作，还禁锢了我们的休闲时间。Schöffel 倡导和主张的是一种真实的大自然体验。

特别之处

一切的核心并不是产品本身，而是目标顾客群体的渴望。正是后者成就了品牌。

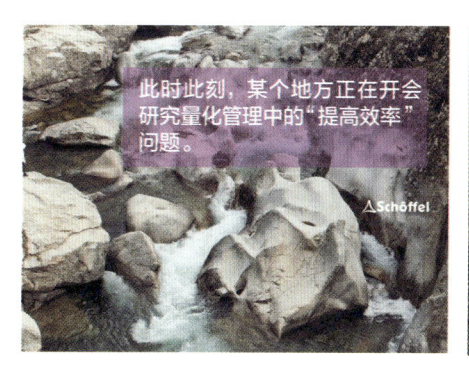

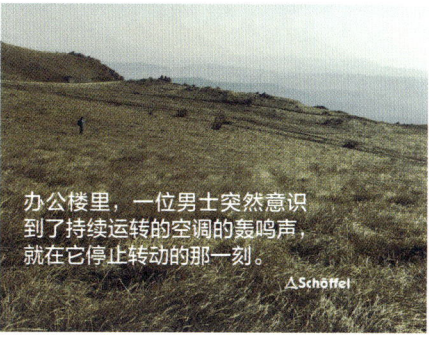

> 此时此刻，某个地方正在开会研究量化管理中的"提高效率"问题。
> △Schöffel

> 办公楼里，一位男士突然意识到了持续运转的空调的轰鸣声，就在它停止转动的那一刻。
> △Schöffel

效果

- 实现了由没落形象到锐意品牌的华丽转身

品牌知名度上升
50%

档案：

什么？
印刷广告

谁？
Schöffel 户外服饰有限公司

在哪儿？
德国、奥地利、瑞士

什么时候？
2012 年

Man brauche
gewöhnliche
Worte und sage
ungewöhnliche
Dinge.

人们用寻常的词句说出不寻常的东西。

叔本华
（Arthur Schopenhauer, 德国著名哲学家）

聪明的设计让消费者连用电提示也照单全收

马尼拉电气公司（Meralco）是菲律宾最大的电力供应商。用一款"电线"手提袋，这家公司成功提升了居民的节电意识。

创意

在圣诞节期间，这家电力公司分发了一款特别的手提袋，目的是向居民宣传普及用电常识和信息。袋子里装着许多实用的日常节能建议，让人们把电费账单上的金额缩得小一点。

特别之处

没有冗长、大段的广告文字，取而代之的是具体的措施，消费者可以立即照做。一个绝妙的广告创意，不仅能为大家省钱，还为品牌的情感价值添砖加瓦。

效果

- 2000 余人参与了问卷调查
- 94% 的人表示将在办公室尝试一下节能措施
- 在各大设计博客以及"世界广告"网站上被转载
- 当地媒体报道极为积极

60% 的人认为这些建议值得尝试

档案：

什么？	谁？	在哪儿？	什么时候？
印刷纸袋	马尼拉电气公司	菲律宾，马尼拉	2008 年

生命如此短暂，不值得浪费在错误的工作上——这就是Jobsintown④活动的主题词

累死累活、工资太少，这糟糕透顶的工作你还要继续做吗？

④ 译者注：字面意为"城里的工作"。Jobsintown 发起的人气宣传活动告诉你答案。

创意

从 2006 年到 2010 年，德国最大的招聘平台 Jobsintown 实施了一项宣传推广计划，主题就是"生命如此短暂，不值得浪费在错误的工作上"。

这项旨在聚拢人气的计划包含了形式多样的广告和活动。由于需求巨大，主办方还为这项计划开设了专门的网站。

特别之处

不用潜规则，你也能升职。这句话真是说到了目标客户群的心坎里！此项计划正是拿那些也许我们每个人都熟悉的职场窘境大搞黑色幽默。简单、真实，又有趣！

德国汉堡圣保利足球队（FC St.Paul）的主赛场米勒门体育场的这扇门非常著名，很多广告博客都对此津津乐道。

效果

· 该广告在 2006 年、2007 年和 2008 年分别斩获多项国际奖项，包括多项戛纳国际广告节奖项和 ADC 奖项

· Jobsintown 如今已跻身一流的网络招聘求职平台行列

档案：

什么？	谁？	在哪儿？	什么时候？
广告计划	jobsintown.de 招聘求职网站	德国	2006-2010 年

Schaut euch mal die Kölner Affen an!

快来科隆看猴子！　　　　　　科隆动物园

博尔一笑

科隆人格外看重幽默感。因此，他们也敢于拿自己开涮，并且到杜塞尔多夫宣传这次活动。[5]

创意

"快来科隆看猴子！"带着这句搞笑的双关广告语，一次户外广告宣传活动来到了杜塞尔多夫。毫无疑问，这让杜塞尔多夫居民会心一笑了。

效果

· 光顾科隆动物园的杜塞尔多夫游客显著增加
· 科隆动物园的"可爱度"大大提升

⑤ 译者注：科隆和杜塞尔多夫是德国西部近邻的两座大城市。

建筑工人的低领装

如果裤腰往下滑,露出了腰以下部分,那么结果就只剩尴尬了吗?

创意

　　手工业正在寻找接班人。为了让培训课程更具品位,吸引更多年轻人来参加,创意人员策划了一次搞笑的活动。除了印刷广告外,在许多城市开展的宣传活动还包括邮寄广告信函、日历广告以及上图中的促销T恤衫。

效果

- 现在我们知道什么叫"建筑工人的低领装"了
- 手工业培训新学员数量急剧飙升

**Unser Leben
ist zu wertvoll,
um alltäglich
zu sein.**

生命如此短暂，怎舍得让它在平凡中度过。

赫尔曼·谢勒
（Hermann Scherer）

你想做点不平凡的事吗?
那么,当一名警察吧!

为了引起目标群体的关注,
新西兰警察不惜借助涂鸦艺术。

创意

新西兰警方以非同寻常的方式招募新警员。街道涂鸦艺术家欧蒂斯·弗里泽尔（Otis Frizzell）将过去发生的7件最骇人听闻的刑事案件创作成涂鸦故事。所有这7组涂鸦都分别被画在当时凶案发生的地点。

特别之处

警察想要的是些特殊的人，自然也得用特殊的方式来寻找。通过这次活动，这个目标实现了，而且还不止于此。

效果

· 求职者中年轻人比例大大高于以往招聘活动，符合此次策划的目标群体特征
· 求职总人数也显著增加

不计其数的求职简历以及 400 名新警员

档案：

什么？	谁？	在哪儿？	什么时候？
游击宣传活动	新西兰警察	新西兰，惠灵顿市、奥克兰市和基督城	2011 年

要是这里不卖 Almdudler，
那我还是走吧！

KRÄUTER SIND NICHT NUR ZUM RAUCHEN DA.
WENN DIE KAN ALMDUDLER HAB'N, GEH' I WIEDER HAM!

草本指的可不仅仅是烟草。
要是这里不卖 Almdudler，
那我还是走吧！

ERFRISCHT WIE EIN BERGSEE. SCHMECKT ABER BESSER.
WENN DIE KAN ALMDUDLER HAB'N, GEH' I WIEDER HAM!

清新得就像天池之水，但味道可要好得多。
要是这里不卖 Almdudler，
那我还是走吧！

留下宣言，滤掉残渣，新鲜草本焕发生机。剩下的是什么呢？独特的口感以及饮料成分中满满的丰富感。

创意

奥地利传统家族企业 Almdudler 以生产草本柠檬味饮料著称。这个已然有些衰落的老牌子如今以强势姿态再次跃然台前，一举成为流行各大城市的怀旧饮料。

特别之处

怎样才能实现形象的转变呢？对，答案就是走一条新路！Almdudler 让一款被大家遗忘的产品再次成为潮流宠儿，在这过程中还开拓了新的目标市场。

效果

- 品牌在德知名度提高 70%
- 在南德地区甚至提高 90%

通过这次活动，该产品在德国地区销量提升 **20%**

档案：

什么？	谁？	在哪儿？	什么时候？
广告活动	奥地利 A.＆S. Klein 公司，Almdudler 柠檬饮料	德国	2012 年 4 月

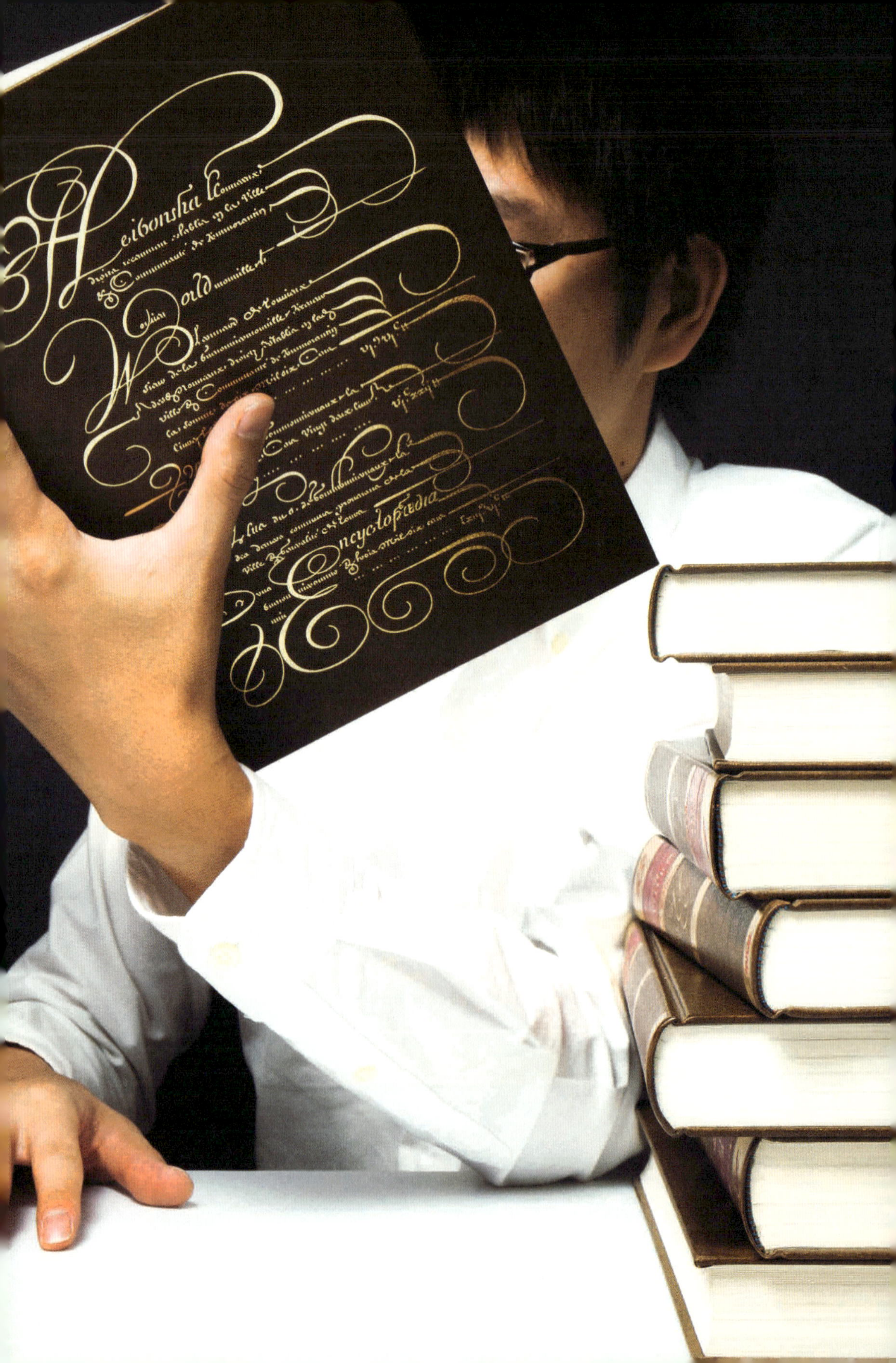

4.6 海报 & 印刷
PLAKATE & PRINT

> 如果咱们能谈谈你的优点，本人其实更加乐意奉陪。
>
> Bienheim&Bienheim
> 专业人力与组织服务

> 你能在很多问题面前躲起来，却躲不过我。
>
> Bienheim&Bienheim
> 专业人力与组织服务

以不同的视角审视人力发展

视角转换运用到文字和图片中，竟让普普通通的广告成了吸睛之物，并且散发出独特的幽默感。

创意

　　Bienheim & Bienheim 是一家专门从事人力资源和组织架构开发的代理公司。在一次巧妙的广告宣传活动中，强烈的文字和语句表达彰显了该公司的核心实力，并且证明，幽默感效果卓著，成功地加以运用就能让自己从竞争者中脱颖而出。

特别之处

　　这次活动以强有力的声音命中目标群体的痛点，它给人的感觉是："这些人懂我，我相信他们！"

效果

- 各大知名广告和设计网络博客纷纷转载
- 德国设计与制造协会（Design-made-in-Germany）对此次广告宣传进行报道
- 公司接到的业务咨询量增加

通过这次活动，该产品在德国地区销量上升 **20%**

档案：

什么？	谁？	在哪儿？	什么时候？
广告活动	Bienheim & Bienheim	德国	2010 年

**No tale-
no sale.**

没有故事，
就没有销售。

X 光手提袋

　　这是专为柏林一家名为"blush"的内衣店设计的一款"透视"手提袋。它非常受欢迎，有些女士光顾这里只有一个目的：弄个袋子。当然了，她们还得在这里消费。另外，很多女士一直背着这款手提袋，作为装饰。就这样，广告变成了个性的展示。

六块小麦色腹肌

　　食品能提高人的健康和自信吗？答案是肯定的。这是 Wheaties 牌谷物早餐做出的承诺。该品牌以购物袋的方式表达了健康方式的重要性，看起来似乎会有效果。这款购物袋受到了顾客的热捧。

创意

　　你的新鼻子可能看起来就像这样。加拿大多伦多的一家整形机构想出了这个新颖的创意。

勇敢就是
走新路。

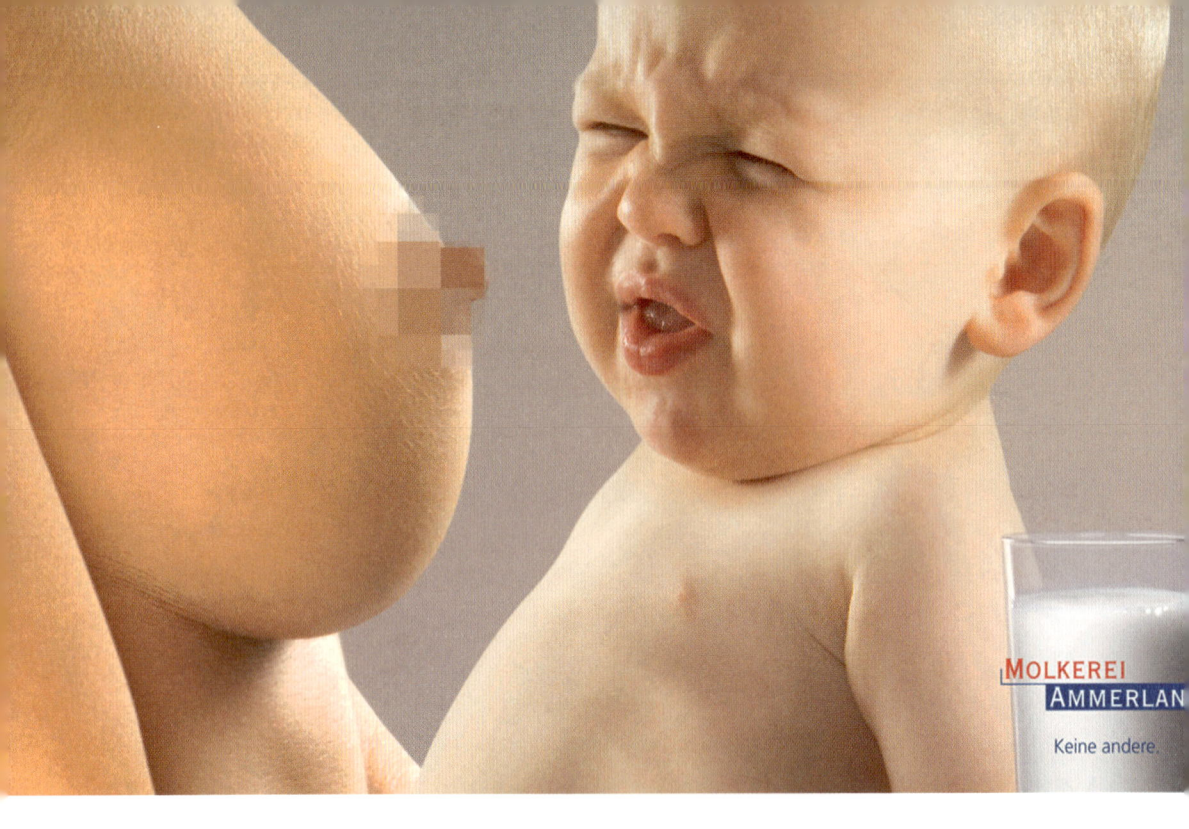

比母乳更好

德国阿默兰德乳业公司（Molkerei Ammerland）敢于让其产品与最强的对手——母乳开展竞争，然后，他们成功了。

创意

小成本，大创意。这家公司坚信，没有哪种奶比阿默兰德的味道更好。貌似我们的小家伙们也同意这样说。

效果

· 广泛转载于各大广告和设计网络博客
· 荣获欧洲权威广告评比艾匹卡（Epica）印刷类金奖

站在那里头晕目眩

不用往下跳，一个简单的想法就让人腿直哆嗦，肾上腺素飙升。有时，只需要一些新的视角就足够了。

创意

看一眼电梯的地板，感觉如在天际，一张贴纸全搞定。由于瑞士最大的跳伞学校缺乏宣传资金，没办法做大型的宣传活动，他们就策划了这样的游击营销，小资金也能实现大收益。

效果

· 在国内和国际上引起巨大的媒体反响　· 众多媒体对此进行报道
· 活动以来业务量激增

毛毛全甩掉

　　Tondeo牌耳鼻毛修剪器做了一次让人汗毛直立的广告。这家企业问了自己一个问题：我们的目标客户会在哪里看广告呢？答案是：公园或者人行道的广告板上，人们边散步边看广告。就在这些地方，Tondeo公司挂上了他们的广告牌，并且机智地将广告与环境结合起来，让草木和树枝从广告牌上放大的人耳和鼻子中肆意"生长"出来。

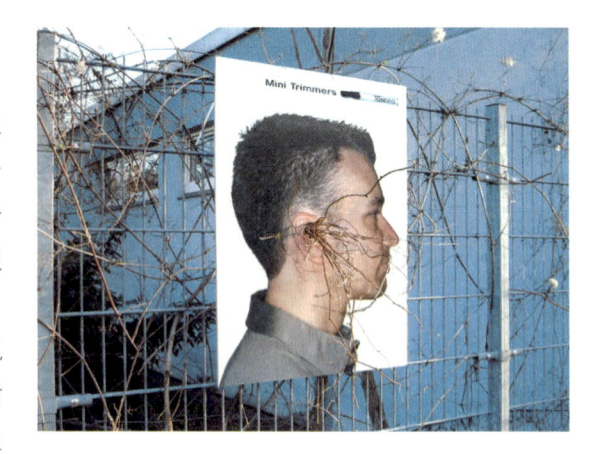

　　这则广告不仅给人们带来了笑料和谈资，还提高了对产品的需求。活动期间，产品网站点击量显著提升。

一点不留！

　　比克（BIC）是世界一流的剃须刀、文具及打火机品牌。它的一次创意户外广告是这样设计的：一块白色的广告墙前放了一个超大的比克剃须刀造型的割草机，没有文字，没有图片，只能从商标上看出品牌的信息。这次活动有力的突出了品牌与产品。

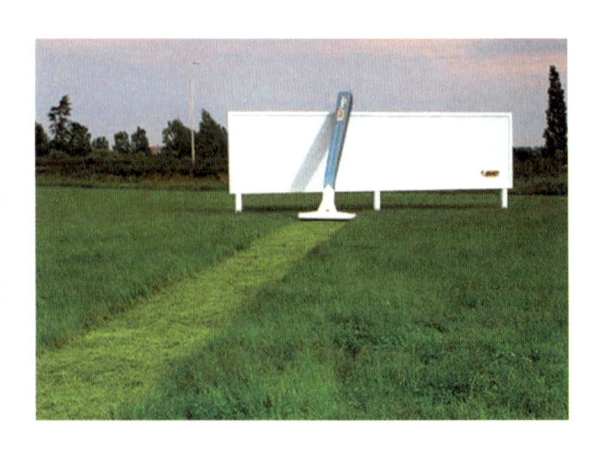

THINKING
VISION
MIND
AGINATION
IDEA
OVATION
INSPIRATI
让它发光!
CREATIVITY

**Kindern erzählen
wir Geschichten,
damit sie
einschlafen.
Erwachsenen,**

我们给孩子讲故事，为了哄他们入睡。我们给大人讲故事，为了让他们醒来。

赫尔曼·谢勒
（Hermann Scherer）

殡葬公司的"致命"广告

是一次没品位的出格，还是一次优秀的营销，对此每个人都得自己下结论。无论如何，吸引注意力的目的是达到了。

创意

有些行业，对它们来讲，做广告总是很难，其中之一就是殡葬业。在许多国家中，人们对死亡的态度相对开放，而在德国则几乎没有关于殡葬业的宣传活动。为了打破行业陈规，柏林的一家殡葬公司做出了一次大胆的尝试。在为期一个半星期的时间里，柏林施瓦茨可普夫地铁站内广告板上出现了新的内容，上面用大号字体写着：请再靠近一点。关键是，这广告板可是挂在地铁铁轨内侧。德国广告委员会非但没为此感到兴奋，还指责这家公司有诱导行人自杀之嫌。据该公司管理者表示，从这次广告活动的反馈来看，有90%~95%的声音是积极的。

特别之处

向其他国家学习，用黑色幽默的精神来对待一个沉重的话题。到底人们喜不喜欢它，这是个问题。绝大多数的反馈是积极的，这足以说明，德国人对待这个话题并没有想象中那么严肃。

效果

- 德国广告委员会（非正式）批评
- 通过网络在全球广泛传播
- 成为很多网络博客的话题

广告收到的反馈中 **95%** 为积极反馈

档案：

什么？	谁？	在哪儿？	什么时候？
广告板	贝格曼＆索恩（Berge-mann＆Sohn）殡葬公司	德国，柏林	2012年4月

一则另类的招聘广告
——新科技让求职变为一种体验

二维码技术将原本印在报纸上的简单广告变成了一种互动，好让应聘的选手大展身手。

创意

创造性的工作职位需要创造性的招聘手段。谁想来这家新开张的文身工作室工作，就得把事先印在仿皮肤纸张上的二维码用细尖的笔描画出来，而且得描得干干净净，不差分毫。只有这样，才能证明你的双手足够灵巧。也只有这样，才能用手机扫描识别这个二维码，从而得到正确的招聘网站链接。

特别之处

一条独特的广告，找的正是那些适合此项工作的人，顺便还附带了吸引顾客的作用。

效果

- **Berrge 文身工作室通过这次活动收到了海量的求职申请，并借此结识了许多天才文身师**
- **其中两人被成功录取**
- **活动后工作室业务量大增**

被点赞和转发超过 3 万次

档案：

什么？	谁？	在哪儿？	什么时候？
印刷广告	Berrge 文身工作室	土耳其，伊斯坦布尔	2012 年

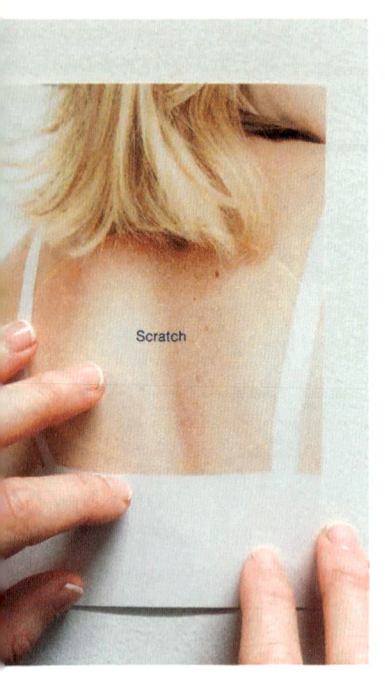

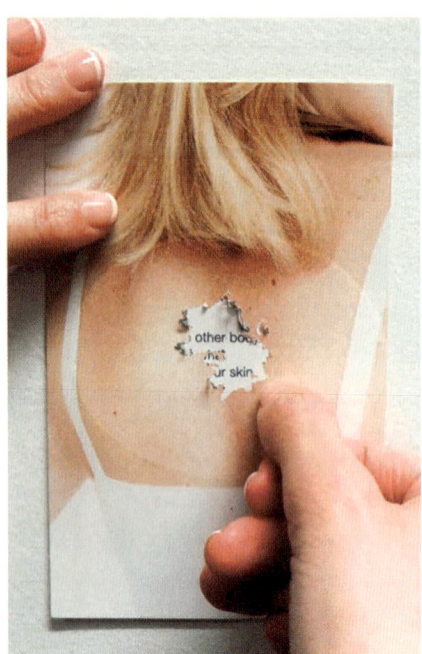

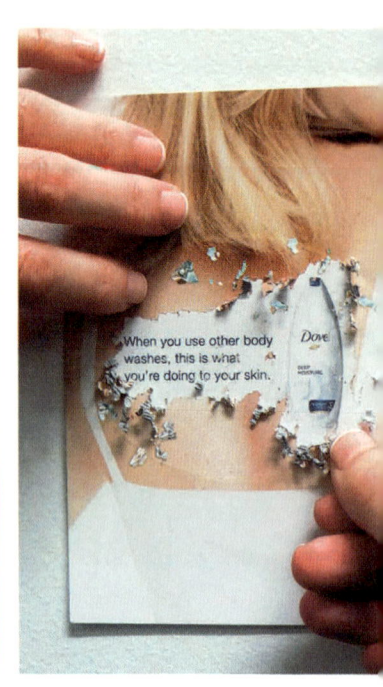

从触觉上感知产品

拿到这款产品的传单，喜欢刮奖的人会有所收获：你将会明白产品优势何在。

创意

就像拿到刮刮卡奖券一样，传单请读者在印着女性背部的图片上刮一刮。刮去表层，这里出现了一句话："如果你使用的是其他沐浴产品，刚才那些就是你对自己皮肤的所作所为。"旁边配上产品的照片：一瓶多芬（Dove）沐浴乳。这次活动的主要内容就是给加拿大知名的网络博主邮寄这款创意广告宣传单。

效果

- 网络上关于该产品的话题热度上升 14%
- 活动期间网页点击量达 180 万次
- 广泛的网络传播

UM DIE ECKE DENKEN

有时得换个角度看问题。

**Erlaubt ist,
was gelingt.**

最后获得允许的总是那些管用的办法。

马克斯·弗里施
(Max Frisch, 瑞士著名作家)

Just because it fits, doesn't mean it'll work.
Choose Volkswagen Genuine Parts.

Das Auto.

那些就是不适合的。大众公司的印刷广告所传递的观点一目了然!

观点很简单,用意却深远。

创意

这些广告上印的是被设计成拼图的照片。每则广告中都有一块拼图被替换成了不搭配的东西。比如说，隐形眼镜被换成了图钉，再比如，飞盘被换成了一条蛇。下面紧跟着一行字："只是能装上，并不见得会起作用。大众原装配件，你的明智之选。"

特别之处

这家汽车生产商使用了一批完全不相干的照片，与广告的主题——汽车毫无关系。照片中设计出的那些极为醒目的"错误"让这组广告深入人心，它提醒用户使用非原装品牌配件的后果。

效果

- 此次活动受到许多广告和设计博客的关注
- 荣获 2013 年度戛纳广告节奖

档案：

什么？	谁？	在哪儿？	什么时候？
印刷广告	大众汽车集团	南非	2013 年

完美的广告位
——把包装当成创意广告板

唤醒卫生意识
——高露洁用一款带来惊喜的包装盒做到了

创意

高露洁（Colgate）公司给当地的比萨店提供了一款特殊的包装盒，为的是推广新产品——高露洁 Max Night 牙膏，包装盒上的文字提醒顾客在晚餐后刷牙。

特别之处

在正确的地点巧妙地打出广告。多么合理啊，吃完东西就得刷牙！

效果

- 广播、电视及网络媒体纷纷进行报道
- 许多知名设计博客转载了此次活动

首日在当地发售比萨 3000 份

档案：

什么？	谁？	在哪儿？	什么时候？
直接营销	高露洁公司，高露洁 Max Night 牙膏	法国，巴黎	2010年10月

与古老的艺术大师亲密接触

坐落在一栋大楼里的整容门诊精心布置了它别具一格的广告。轻轻一按，每个人仿佛都觉得自己成了"亚当"。

创意

　　米开朗基罗的神作《创造亚当》被拿来做了一次有趣的解读。每个按下电梯旁按钮的人几乎都可视为参与了这次广告活动。那么，他们也应该到3楼的整形门诊去看看，了解一下真正的"重生"。

效果

・知名广告和设计网络博客纷纷转载

有时得
换个角度
看问题。

Make things Happen!

Gute Werbung transportiert nicht nur Botschaften, sie kann mit Zuversicht und Hoffnung in die Herzen der Menschen eindringen.

好广告不只传达信息，它能以信心和希望，穿透大众的心灵。

李奥·贝纳
（Leo Burnett）

eBay 德国有限公司，隶属于总部位于美国加利福尼亚州圣何塞市的 eBay 有限公司，是德国最大的网络交易平台。拥有逾 5 万门类的 5000 多万件商品，用户人数超过 1800 万，平均每人每月在线时间为 1 小时 58 分钟。从 1999 年至今，eBay 始终被视为德国网络零售业的标杆。

我们的电器品类需要即刻寻找：

有闲置手机的人

我们需要你具备以下条件：

关于细节你一无所知。正因为 eBay 是最大一家服务于私人卖家的网络交易平台，你无须做到精通你的产品。是的，我们需要你，就因为你有些不用的东西。让我们能找到你，这就够了。你只需告诉我们，你的手机目前是什么状态，别的都不用你做！与客户沟通、介绍商品、收款。我们搞定一切。

如果你更愿意出售你的数码相机？在 eBay 每分钟都有一部数码相机被卖掉。你有充分的理由最后一次把它拿在手中，打包准备邮寄，或者说你收藏的 CD 专辑不想要了，并且还愿意把每小时的工钱提高一点，那么你只需要花 60 秒钟去设置一下！歌手 Tupac 的 *All Eyez on Me* 专辑平均能卖到 29 欧元，也就是说，折合成时薪每小时赚 1740 欧元。1740 欧元，这些钱够你可以买很多手机了，何愁没有闲置？

棒极了，是不是？现在就来 eBay 当卖家吧。

eBay 正在寻找卖家　　　　　　　　　　　　　　　　　　　　**eBay**

是不是感觉它在对你说话？
那就说明这则广告已经起效了！

网上拍卖平台 eBay 用一则夸张的文字广告成功吸引了注意力。

创意

为了进一步提高拍卖业务量，eBay 借助在报纸上打传统小广告的形式，向卖家发出了召集令。极具创意和吸引目光的标题，让这组广告在茫茫广告之海中鲜明夺目，而且还能让读者会心一笑。

特别之处

这样做让产品本身也成了一种创意：小广告！很有意义，难道不是吗？

eBay 即刻寻找：

一个有吐司面包机的人

需要符合以下条件：
如果你现在在想："吐司面包机呀，我有一台。人啊，我也是一个。这就像是在说我啊！"那么我们要找的就是你。

此外，你还需要：
不一定非得是吐司面包机，如果你愿意，咖啡机也行。毕竟平均每个家庭有 1.02 件此类闲置不用的电器，或者你想试试手机（平均闲置数是 1.09），或者是一套咖啡杯具或一台笔记本电脑。你瞧，你来 eBay 的可能性就像我们提供的商品一样多种多样！

别急着给我们投简历！
只需要把你的商品放在 eBay 上，成为卖家。让我们看看，你还有什么问题，或者说你还有什么用不着的东西。

eBay 正在寻找卖家

eBay 寻找：

不读书、不游泳或者不骑自行车的人

我们需要你做的：
我们能为你提供的：
你的机遇：

eBay 正在寻找卖家

效果

· 摘得一项纽约艺术指导俱乐部（ADC）大赛奖杯
· eBay 平台交易量短期内得到提升

档案：

什么？	谁？	在哪儿？	什么时候？
印刷小广告	eBay	德国	2013 年 3 月

不一般的图表

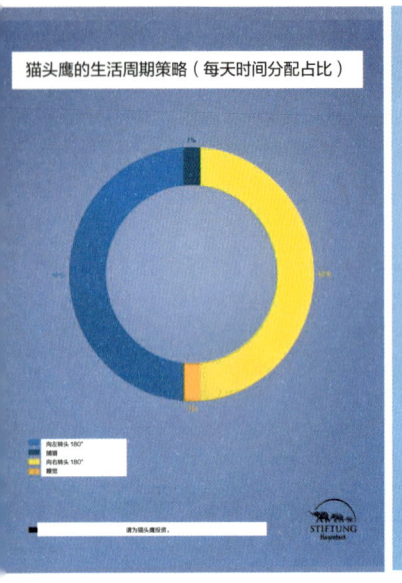

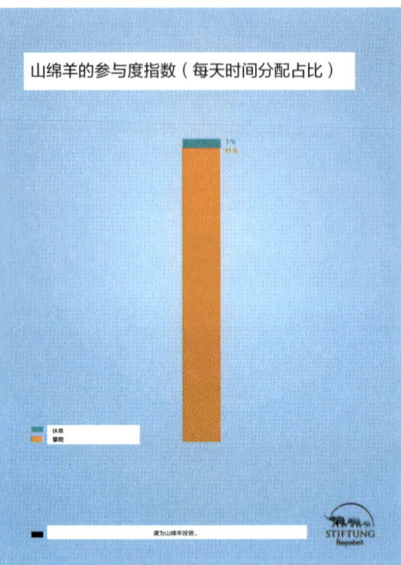

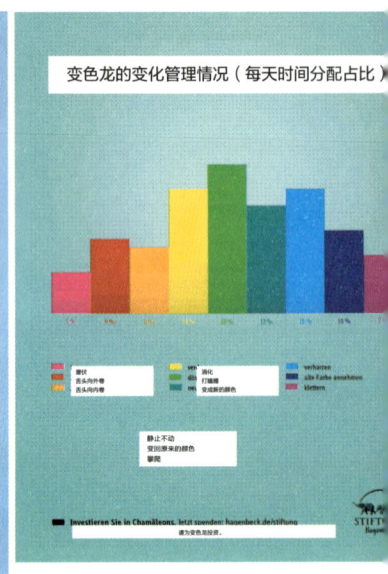

Hagenbeck 动物园发起了一项募捐活动，针对目标人群为富足的汉堡生意人和私人慈善家。

创意

柱形图和饼图具象地描绘出了动物目前的状况。这些本来就是目标群体的惯用语言，因此与普通的彩色动物照片相比，这些图表更容易吸引银行家和商人的目光。这是一份细致的捐款请求。此组广告在圣诞节前夕打出，因此，大家的捐款热情要比平时更高一些。

效果

· 当地多家企业为动物园的动物们捐款

看得清的好营销

眼镜、阅读、句子、词语、字母。就是它了！罗敦司得眼镜（Rodenstock）一次创意广告活动就此诞生。

创意

　　各种各样的字体造型让这些眼镜看起来各不相同，它们放在一起构成了一件艺术品。小众化的表现方式突出了该系列产品的纯语言主义设计理念。这次活动进一步加深了顾客对罗敦司得花镜设计新颖、质量上乘的良好印象。

效果

- 自活动开展以来，销量增长 6%

能撕掉的裙子

简单而有效的街面传单广告，看起来像芭蕾舞蓬蓬裙，宣传内容其实是芭蕾舞课程。

创意

芭蕾舞培训课：放在街道中间的粉红色传单。立柱下面一圈可以撕掉的小纸条看上去就像一条小蓬蓬裙的裙摆。这可真是吸睛利器，不仅造价低廉，且活泼可爱。

效果

·薇薇安芭蕾工作室（Vivianne's Ballett Studio）迎来了一批手拿传单小纸条径直前来报名的新学员

瘦下来了

原来体重可以降得如此神速——减肥疗养班巧妙设计的撕纸宣传单。

创意

减肥人士能在超市的黑板上看到这种可以撕的创意宣传单。一个小小的创意和很小的投入就能取得巨大的成效。

效果

· 此次撕纸广告直接与品牌承诺相呼应。
· 做得太好了！

Nichts ist
so beständig
wie der
Wandel.

没什么比变化更恒久。

赫拉克利特
（Heraklit, 古希腊哲学家）

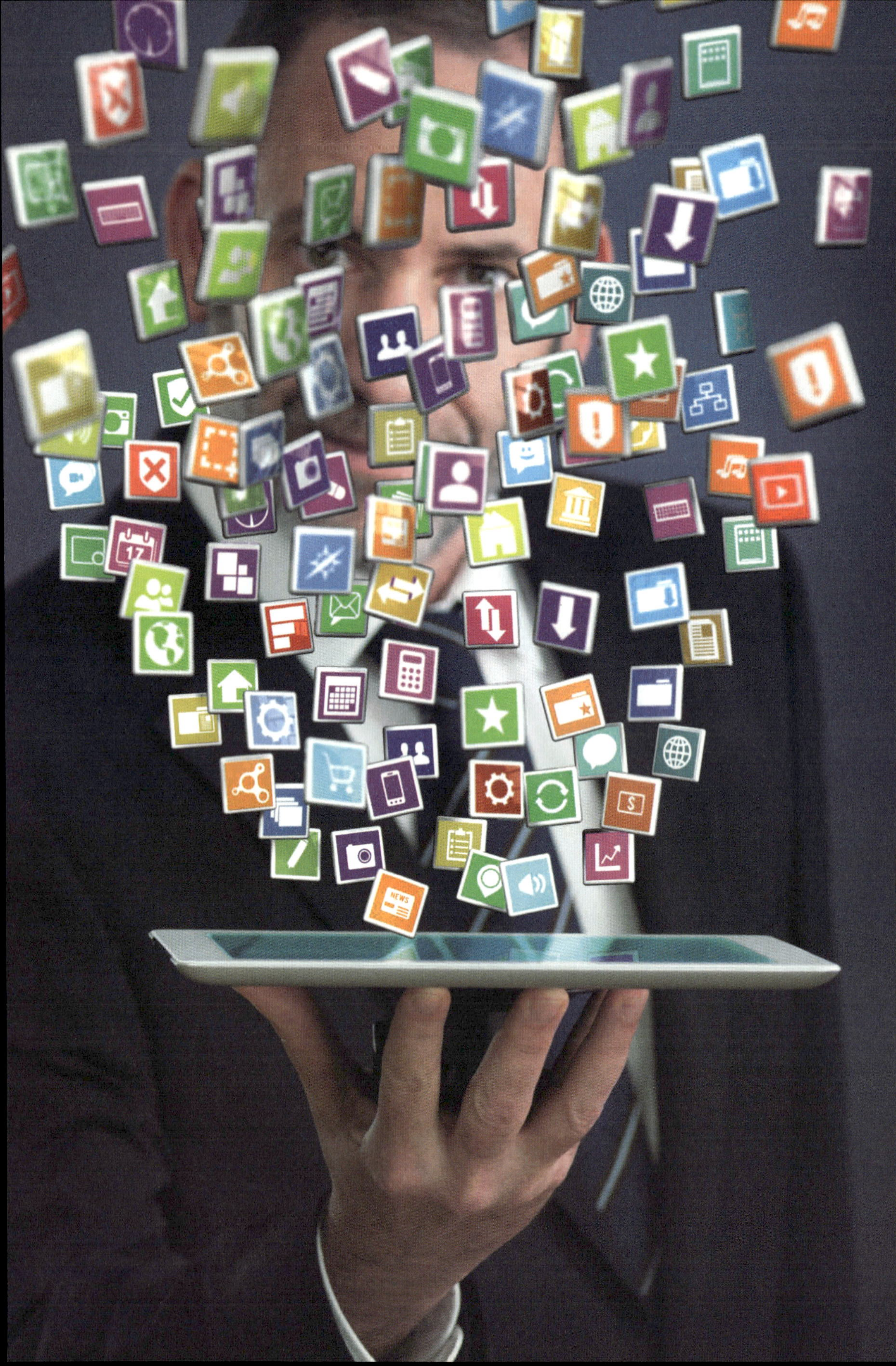

手机应用 & 网络
4.7 APPS & WEB

再也不用叫开锁服务了

这是一家名为 Apigy 的新兴创业公司做出的承诺。通过众筹的方式，该公司集合了足够的资金来实现这个创意。

创意

人们不需要钥匙也能开锁了。专门设计出来的系统取代了我们以往使用的钥匙功能。智能门锁 Lockitron 通过无线网络连接到互联网，在全球各地的任意一部手机上都能实现对门锁的远程遥控。当人们走近大门时，门锁可以通过蓝牙功能直接自动打开。不仅如此，开门权还可转交给他人。一旦门被打开或锁上，即便拿钥匙进行的操作，Lockitron 都将会发送一条信息通知户主。此外，这款产品还能在有人敲门时发出提醒。

特别之处

移动科技正在不遗余力地用它的技能为现实世界服务。

效果

- 第一款系列产品已全部售罄
- 大量网络、报纸和电视报道

档案：

什么？	谁？	在哪儿？	什么时候？
APP 手机应用	Lckitron 智能门锁	美国	2011 年至今

"办公桌唱片机"让邮寄广告与互动手机应用完美结合

让一张黑胶唱片在纸板做的唱片机上播放，这可能吗？可能！一款独特的 APP 让听音乐成为一种新体验。

创意

Kontor Records 唱片公司制作了一款特殊的邮寄广告。人们收到的是一张真的能播放的黑胶唱片。这是一次复古行动吗？不，因为这是通过手机 APP 来播放的。

特别之处

邮寄广告这种传统模式因搭上新科技的快车而提高了档次，目标群体的注意力被成功吸引了过来。

效果

- 900 个二维码中的 71% 被激活
- 反馈率比普通的邮寄广告高出 64%

42% 的人随后访问了该公司网店

档案：

什么？	谁？	在哪儿？	什么时候？
邮寄广告 &APP 手机应用	Kontor Records 唱片公司	德国	2013 年 4 月

Erfolg ist nicht durch das Mit-, sondern durch das Vormarschieren realisierbar.

成功不能通过并排前行去实现，而是要通过先人一步去达成。

赫尔曼·谢勒
（Hermann Scherer）

一个童年的梦想成真了：
自己的头像香肠！

德国肉制品生产商 Reinert 公司推出了一款手机 APP，唤醒了人们的童年记忆，每位用户都能看到用自己面孔做出香肠的样子，且还能转发。

创意

谁没见过这个场景？在肉联店里，大人买了孩子爱吃的东西放到孩子手上。如果香肠能更个性化，这产品该有多棒啊？Reinert 公司用一款 APP 让孩子们都有过的梦想重拾生机。用户可以上传一张照片，然后得到一张香肠脸的照片。用户还可以把这张照片作为电子名片转发给朋友和家人。

特别之处

谁都想过，谁都愿意参与进来，因为这能唤起对往事的回忆。

效果

- 许多用户参与活动，该品牌借此赢得无数 Facebook 粉丝

档案：

什么？	谁？	在哪儿？	什么时候？
APP 手机应用	Reinert 肉制品有限公司	德国	2011 年

德国公益扶贫餐桌组织（Die Tafeln[6]）的捐献卡路里 APP：你所需要做的只是跑步！

一款 APP，两件好事：你捐赠了食品，同时燃烧了卡路里。

[6] 译者注：字面意思为公里数兑换餐食。

创意

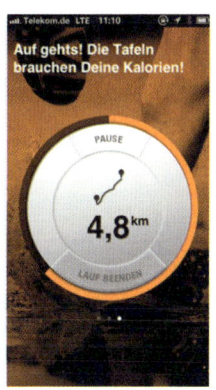

原理很简单，这款 APP 通过记录用户跑步的距离来计算消耗掉的卡路里。APP 告诉你这些卡路里相当于多少食品，然后你可以按相应的价格捐款给 Die Tafeln 公益组织，这些食品将被送给有需要的人。

特别之处

一款实用的手机应用与慈善结合起来，而且对用户来说，点一下屏幕就能捐款，这要比填写汇款单简单多了。

效果

· MILES FOR MEALS 成为迄今为止下载次数最多的慈善功能 APP
· 在网络和社交媒体上引发巨大反响

Die Tafeln 公益组织收到的电子汇款额增长了近 300%

档案：

什么？	谁？	在哪儿？	什么时候？
APP 手机应用与宣传活动	Die Tafeln 公益组织	德国	2013 年

Suche nicht nach Fehlern, suche nach Lösungen.

别去寻找错误，要去寻找解决办法。

亨利·福特
（Henry Ford, 福特汽车公司创始人）

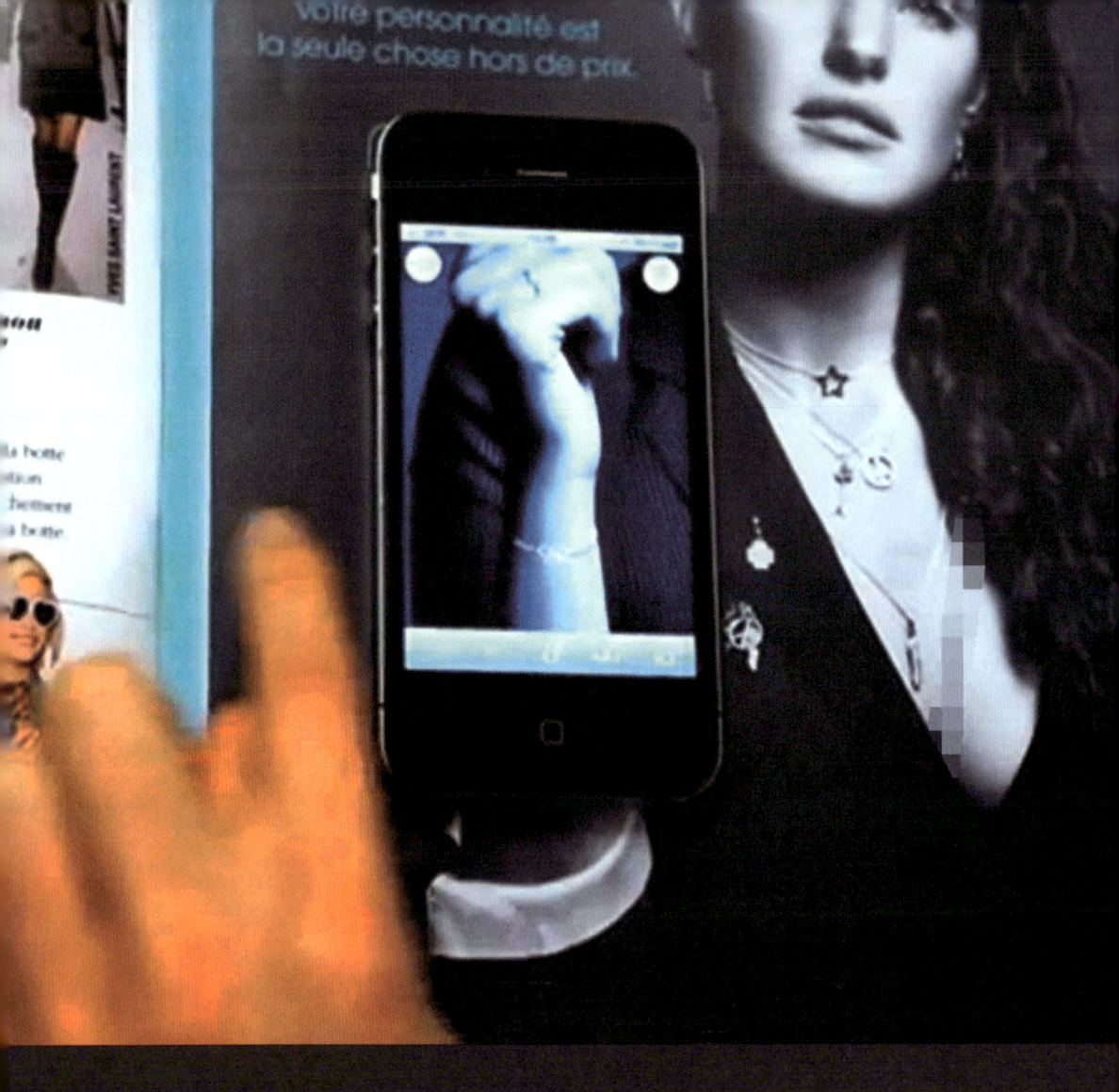

用一句话概括：通过手机 APP 直接"试戴"，然后去最近的商店买下来。

首饰设计品牌 Murat Paris 开发了一款手机应用，通过它用户可以足不出户，直接挑选和试戴所有饰品。

创意

看一看，试一试，买下来。借助一款特别的 APP，Murat Paris 的饰品可以直接在自己手上试戴，然后去最近的商店里买到手。为了推广这款 APP 和品牌，他们还在多份杂志上打出了互动广告。

特别之处

一次让人忍不住去参与的新奇活动。想法很简单，让品牌触手可及。而且，由于这种形式是全新的，因此，格外引人注目。

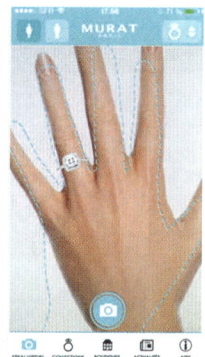

效果

- 在网络和社交媒体上引发巨大反响
- 网上商店成交量上升

档案：

什么？	谁？	在哪儿？	什么时候？
APP 手机应用	Murat Paris	全球	2011 年

总算又找到了真正有意义的礼物了

ZEIT STATT ZEUG

第三部手机？第六条围巾？第十瓶香水？在下一个纪念日前，在你决定再送一份此类"标准礼品"前，到 Zeit-statt-Zeug 网店上找找灵感，送点独一无二的礼物吧，比如，一起度过的时光。

森林气息代替香水

对于新鲜的交谈和想法来说，新鲜的空气是最好的条件。

点击查看

一家名为"Zeit statt Zeug"（时光替代庸物）的网站为困扰我们已久的选礼物问题提供了另类的建议：比如，用森林气息替代香水。这里看重的是对朴素价值的回归。

创意

圣诞节是不是又送了女友一瓶香水？爸爸生日是不是送了他第 20 条领带？在这个物质消费社会中，我们已忘记该如何用礼物制造快乐。有了"Zeit statt Zeug"，这一切将会不一样了。这里有特殊形式的礼物：用森林气息替代香水，或者用逛动物园替代毛绒玩具。

特别之处

这种非唯物质消费的想法精确触碰了我们当今时代的痛点，它用个性化的方式走近了我们的心灵，因为它让我们想起朴素的、真实的价值。作为商业创意，它之所以取得很好的成效，是因为它能在物质消费的大潮中逆流而上，从而做到了超越平庸。

效果

- **在网络社交媒体中引发巨大反响**
- **第一年即送出 1.5 万份时光礼物**

档案：

什么？	谁？	在哪儿？	什么时候？
网站	Zeit statt Zeug（时光替代庸物）	德国	2013 年

Gehen Sie raus und zünden Sie die Welt an.

走出家门，
去点燃世界。

赫尔曼·谢勒
（Hermann Scherer）

05

访谈

INTER-
VIEWS

与德国健身第一（Fitness First）有限公司总经理斯特凡·蒂尔克（Stefan Tilk）的谈话

一名火车票打折卡销售员能从亨利五世国王身上学些什么呢……

或者说，为什么"健身第一"清空了他们的工作室，这里有你想知道的答案。

珍妮·哈雷尼：健身行业的生命期一向是特别短的，而且竞争激烈。人们很容易想到麦健身（McFit）连锁健身俱乐部模式，那可以说是行业巨头了。那么你认为，怎样做才能长期与之保持不同，从而站稳市场呢？

斯特凡·蒂尔克：每一个来到健身俱乐部的人都有不同的目的，有的可能是整体提升身体素质，有的可能是减肥、增强力量，还有的是以一项体育指标为目标进行训练。我们为每个会员进行有针对性的辅导，帮助他们以最优的方式和最高的效率达到目的。完整的成套健身方案、先进的健身科技以及我们员工给予的鼓励和指导，就是我们最基本的东西。因为人是通过人获得动力的，而不是通过机器或训练器械。

服务和指导会对工作室的顾客在健身意愿和结果方面产生直接影响。最新一期的《德国商品测试基金会杂志》（*Stiftung Warentest*）得出结论："认真的培训师给予的关怀和鼓励尤为重要，只有这样动力才不会流失。"*

> 我们遵循整体的健身理念。

▶ *出处：《德国商品测试基金会杂志》，"哑铃时间到"

关于德国健身第一有限公司

- 行业： 健身与保健服务
- 年销售额： 全球共 5.114 亿英镑
- 总经理： 斯特凡·蒂尔克
- 总部所在地： 法兰克福
- 成立时间： 1993 年
- 规模： 在 16 个国家拥有 381 家俱乐部
- 母公司： 健身第一有限责任集团（Fitness First Group Ltd.）

这本杂志给"健身第一"的训练环境和训练计划都打了最高分。很成功，但对我们来说还不够。今年我们发起了公司有史以来最庞大的员工培训活动，实话说，不仅是为了我们自己，它将提高整个行业的服务水准。目前我们正致力于培养下一代的健身专家，上至经理、培训师，下至顾客接待人员，所有人都在朝一个目标学习，那就是以最佳的方式陪伴会员，支持会员，把他们的健身成就最大化。

我个人认为，"服务"这个词是有魔力的，它能让你不同于竞争对手。大家对这样的场景不陌生，当我们作为顾客使用某种服务时，我们都想被当成"上帝"。一声亲切的"您好"，一个微笑或是员工朴实的关怀就能产生奇迹般的效果，拉近与顾客间的距离。

珍妮·哈雷尼： 我们所处的是一个"注意力经济（Attention Economy）"时代。注意力是 21 世纪最重要的货币。请问你如何能确保你们的品牌得到足够的关注呢？

斯特凡·蒂尔克： 通过自己创造潮流，比如我们在做的"自由操健身区"，它的灵感来自我们身体日常的一些活动（上台阶、园艺劳作等）。我们设计了一套高效的全身训练法，利用身体自身的重量达到预期效果，所以即便不用健身器械也可以进行锻炼。优势很明显，我们的顾客在家也可以反复做这些动作。为此，我们专门开辟了一块场地。

当其他健身工作室不断购置新器械时，我们首先想到的是摆脱这些繁杂的机器设备，给自由操训练腾出一块空地来。这在当时是非常大胆的做法，绝对是与主流趋势相悖的。如今，这个方案却成了许多健身俱乐部争相模仿的对象。理所当然地，这个举动让我们成了行业的开拓者，也给我们带来了独一无二的关注度。在我们这里，

> 我们的图片和文字应该传递出真实可信的信息和故事。

以人为本是基本宗旨。我们要成为健身者的伙伴，并让健身者成为我们的粉丝。

我们不盲目追随那些无法长久持续的健身方向，而是把力量集中于能给会员带来帮助的合作领域。训练不仅仅是一项让人消耗热量的活动，还是一种与会员自身以及他的生活相匹配的健身。我们的图片和文字应该传递出真实可信的信息和故事。

有时候就是要关上门窗，把外界的影响拒之门外，因为每天应付它们会让你疲惫不堪。只有这样，人们才能好好地关注自己的健康目标。

珍妮·哈雷尼：那么，公司里最棒的想法是从何而来的呢？

斯特凡·蒂尔克：来自合作中，与团队的合作，与管理层的合作，与顾客

关于斯特凡·蒂尔克

- 任总经理时间：2009 年初至今
- 职场经历：

  – 先后任职于数家知名公司，常受命于危难之际，历经多次公司深度变革。

  – 曾担任德国铁路对话公司（DB Dialog）运营发言人。该公司是德国铁路集团旗下负责顾客关系的室内服务提供商，斯特凡·蒂尔克曾负责整顿客户联络中心业务。

  – 曾任欧唯特服务（Arvato Direct Services）集团管理层成员，欧唯特是贝塔斯曼集团下属子公司，是全球最大的营销公司之一。

  – 撰有《管理需要更大的勇气》（Courage. Mehr Mut im Management）一书，在经理人界和专业圈引发关注。斯特凡·蒂尔克在书中号召："别再抱怨与盲从。"

咨询中心的合作。如何营销，朝哪个方向发展，我们的思考都是以消费者为核心展开的。有些设想是直接从俱乐部中萌生的，然后营销部门再把这些初级的设想进行加工，最后形成创意。此外，我还推崇"天堂之鸟"理念。不仅是因为我自己就是其中一只，还因为我相信外行人能给公司带来新的、有创意的思想火花。有些事在别的公司看来是困难的，但在我们这里却是求之不得。

珍妮·哈雷尼：作为总经理，请问你对公司的市场营销工作干预的深度如何？换句话说，市场营销是由你直接主持的吗？

斯特凡·蒂尔克：我与我的管理团队紧密合作，我的角色主要是"对方辩手"。我们团队的成员之一——首席营销官（CMO）是安德烈斯·巴尔特（Andreas Barth）先生。他历任多职，总是围绕着顾客需要，不知疲倦地将宣传与促销活动做到效益最大化，并把他所主管的业务带入可持续发展的良性轨道上来。

珍妮·哈雷尼：蒂尔克先生，你被誉为"整顿经理"，且写了一本书。你在书中提到，作为管理人士必须展现"勇气"，有时需要做出非常规的决策。你能给我们的读者举几个关于非常规决策取得成功的例子吗？

斯特凡·蒂尔克：那么我举一个我在德国铁路集团任职期间的例子吧。那里是我职业生涯的起点，也是最初接受挑战的地方。当时我年纪30出头，也有几年的工作经验了。我接到的任务是进行一项整顿工作，改变北德地区1000余名销售人员日复一日的刻板工作，让他们重整旗鼓。这活儿可不轻松，我连续几个晚上分组邀请这些员工进行面谈。

来之前，员工们想象的可能是上百次的员工培训，没完没了的PowerPoint和图表。因此，当看到我一个人站在讲台上，并没有废话连篇的老生常谈时，员工们非常惊讶。对很多人来说，我当时所做的直到今天还在激励着他们。我给他们讲了亨利五世国王和阿金库尔战役的故事。当然，用我自己朴素平实的语言。

我试着用这个故事去说明，目前我们的处境很可能只是主观上看起来没有出路，而实际上与亨利五世一样能够找到突破，只要你有意愿。当然了，并不是我说过之后的第二天火车票销量就翻番了，老实说这也不是我们的目的。我唯一的目的是，掀起德铁销售人员的激情，让他们苏醒，触动他们的内心。我做到了。直到今天，还有以前的同事跟我聊起当年那次不同寻常的体验。

另一个例子就是发生在"健身第一"公司的事，我所做的被视为非常极端的决策之一。我挑选的新任首席营销官各方面都很好，除了一点，他以前是一家大型连锁快餐公司的营销主管，也就是说，他不是健身界的业内人士。不得不承认，为了把思路调整到健身行业上来，他着实花了一番功夫，但这是我所做的最明智的决策之一。对于如何塑造品牌这件事来说，这个人就是比别人高明。而这一点也是我最看重的，其他都不重要。

关于阿金库尔战役

阿金库尔战役发生在 1415 年 10 月 25 日，地点在法国北部加来海峡的阿拉斯。英国国王亨利五世率军对抗法国卡尔六世国王的部队。这是英法百年战争期间，英国取得的最大军事胜利之一。

特别之处：现代历史学家考证认为，法国的兵力至少是英军的 4 倍。因此，这场有违常理的以少胜多战役被载入史册。

阿金库尔战役被认为是史上最重要的战役之一。

出处：维基百科。

珍妮·哈雷尼：做出艰难决定时，可不会每次都被友好地对待。那么就这一点来说，你对那些想取得非凡成就的人来说有什么建议呢？

斯特凡·蒂尔克：不知疲倦，适时开始。想要出点成绩，就必须在公司里先苦干一番。虽然这听着有那么点遗憾，但事实如此。谁想创造出不一般的事，就得做不一般的付出，并且提早预见到"危险"，这与做运动差不多。

珍妮·哈雷尼：在德国有没有哪项推广活动，用不寻常的创意获得极大的影响力？

斯特凡·蒂尔克：当然有了！OOH 运动，第一个能用来减肥的广告板。

珍妮·哈雷尼："新媒体"给健身行业也带来了变革。就在昨天，我看到一条网上训练课程的广告。像上面所说，我几乎能把健身教练带回家了。这些挑战"健身第一"是如何应对的呢？你能想象一下人们 2030 年的健身会是什么样的吗？

斯特凡·蒂尔克：你说的对，健身潮流越来越脱离传统的"肌肉工厂"概念了。数字化以及类似"减速生活"的话题变得越来越有市场。"健身第一"眼下正在进行一项"提高准线"培训活动，也就是说我们已经在率先调整服务方向了。想要在比赛中保持核心地位，就得动起来。因此，如何把健身服务与数字化联系在一起显得尤为重要。我们以积极、乐观的心态迎接这次挑战，投入很大精力去寻找数字化解决方案，以便整合线上和线下服务。进而我想到，未来可能会出现一种更灵活的健身模式，能够把在健身房做的和在家做的运动以某种方式结合起来。自由操方案就是我们朝这个方向迈出的第一步。

> "健康第一"设计出了一款独特的广告牌：它不仅能做广告，还会说话。

珍妮·哈雷尼：那么回到之前的话题"不一

WE ARE FITNESS LEADERS WHO INSPIRE PEOPLE TO GO FURTHER IN LIFE.

般的作为"。公司里肯定也有人感到另辟蹊径或说标新立异难以接受吧，你是怎样说服和激励他们的呢？

斯特凡·蒂尔克：如果人们一直做着同样的事，就没理由指望获得不一样的结果。我不但自己身体力行，也努力让我的员工都明白这个道理。这很有说服力，也能带来更多的勇气。

珍妮·哈雷尼：你认为市场营销工作对于公司整体成功的作用有多大？如果10分满分的话，你能打多少分？（最低1分，表示不重要，满分10分，表示非常重要）

斯特凡·蒂尔克：11分！但前提是产品和服务必须拥有高质量。千万不要做眼高手低的事，高承诺，低付出！否则营销很快就会变成回旋镖，到头来伤害的是自己。

就拿我们获得《德国商品测试基金会杂志》肯定这件事来说，得奖说明我们做出了成绩，我们也把这项荣誉很好地用在与顾客的沟通和推广活动中。但我们当然不会就此止步于此。我们推出了庞大的员工全覆盖培训行动，就是为了能做得更好。

> 想要在比赛中保持核心地位，就得动起来。

珍妮·哈雷尼：你原本不是健身行业的人。比如你曾经供职于途易旅游（TUI）、德国铁路和贝塔斯曼。这一点对于你在"健康第一"的工作来说是优势还是劣势呢？

斯特凡·蒂尔克：在以前的雇主那里，工作都是围绕着各种改良和重组任务进行的。即便是在"健康第

一"，2009年以后也是这种情形。客观地说，从这方面来看，我以前的经验是有用武之地的。

珍妮·哈雷尼：你自己在你们的工作室里健身吗？

斯特凡·蒂尔克：总经理的工作，无论在途易、贝塔斯曼还是"健康第一"，都有一项相同的挑战，那就是——战胜有限的时间。我努力做到每周健身一次，并请了私人教练。这让我的身体年龄比实际年龄至少年轻10岁。另外，我在安排日常工作时也注意兼顾健康，比如在情况允许时，我尽可能走楼梯而不乘电梯。

珍妮·哈雷尼：好啊，那我们不如现在就走楼梯吧！非常感谢你能抽出时间接受采访！

Unsere Kunden sind die beste Werbung.

我们的顾客就是最好的广告。

雷纳·梅格勒

（Rainer Megerle, 德国企业家）

与奥托集团（Otto Group）董事兼赫尔墨斯欧洲（Hermes Europe）有限公司 CEO 翰卓·施耐德（Hanjo Schneider）的谈话

知道什么是不能做的，才是关键

一场关于强劲营销、竞争优势和大胆策略的访谈。

珍妮·哈雷尼：施耐德先生，你是奥托集团负责服务方面的董事，还是赫尔墨斯欧洲公司的 CEO。我们常说："今天的额外付出将变为明天的常态。"这句话你怎么看？大公司如何做到始终如一地满足顾客不断提高的需要呢？

翰卓·施耐德：办法就是超前思维，提前预计顾客的需求并满足它。这就需要非常仔细地观察和分析社会潮流发展趋势。把耳朵贴在顾客身上，这才是商业的成功之道。同时也意味着要认真对待顾客的反应，仔细阅读各种反馈渠道收集到的顾客意见，特别是时下顾客能够通过网络媒体平台与企业进行互动。这些信息优势是可以被我们用以改进产品和服务的。这样企业才能成为潮流的前卫，品牌才能成为创新的先锋。其中的关键在于保持住这种状态，并从错误中快速吸取教训。

> 把耳朵贴在顾客身上，这才是商业的成功之道。

关于赫尔墨斯

- 行业： 商贸 & 物流
- 员工数： 1.1 万
- 总经理： 翰卓·施耐德
- 总部所在地： 汉堡
- 成立时间： 1972 年由韦尔纳·奥托创立

赫尔墨斯是奥托集团服务领域的全资子公司

珍妮·哈雷尼：一直以来，赫尔墨斯都是德国知名的一线包裹快递公司。我想问的是，包裹服务，或者说这个市场并不是那么具有吸引力，那么在这一行也能通过创新得到提升吗？

翰卓·施耐德：当然能！1972年，赫尔墨斯公司的创立本身就是一项具有前瞻性和革命性的创举。韦尔纳·奥托是一位非常值得人们尊敬的企业家，他当时就想到给奥托公司的邮购顾客提供一种比当时德国联邦邮政更好的送货服务。就是这个想法让赫尔墨斯诞生，并很快成为国有物流垄断商的强力竞争对手，越来越多的企业转而使用赫尔墨斯的服务。

原因之一就是赫尔墨斯将自己定位于可信赖的革新者，能够针对不断变化的挑战找到解决办法。我们在德国的零售商店内设立了第一批包裹代收处。如今我们仅在德国就拥有1.4万余家包裹商店。

现在，大家使用的免费包裹跟踪系统能让我们每时每刻都能得到快递的物流信息，这个功能也起源于赫尔墨斯。我们设定的最高投递尝试数是4次，直到现在业内其他的快递公司也无法达到这个标准。下一步，我们即将推出定时配送服务，顾客将能在任何希望配送的地点得到包裹，在家也好，在办公地也好，甚至在度假地也行。简单来说，赫尔墨斯的历史就是一部以客户友好型创新贯穿始终的成功故事。另外，我不赞成把包裹服务说成一种没有吸引力的产品。事实刚好相反，毕竟我们给大家送来的基本都是大家热切盼望的东西！

珍妮·哈雷尼：除了DHL、DPD、UPS和

> 对我们来说，对商贸需求的理解是根植于骨子里的东西。

GLS 这些竞争对手外，你觉得最大的问题是什么呢？

翰卓·施耐德：是我们过去的自己。赫尔墨斯是奥托集团下属的一家公司，是世界范围内第二大网上购物运营商，欧洲最大的 B2C 服饰和家居用品网购运营商。对我们来说，对商业贸易需求的理解是根植在骨子里的东西。一件包裹的收件人同时也是我们的一位顾客，也就是众所周知的"上帝"。因此，赫尔墨斯在给个人顾客（2C）提供配送方面也是专家。这是我们的看家本领，我们的包裹首次投递尝试成功率达到 90%。这是其他快递公司望尘莫及的。虽然电子商务爆炸式的发展让所有竞争者都想分一杯羹，大家都企图涉足 B2C 模式快递市场，但是给个人收件人配送需要的专业知识不同于 B2B 模式下给商户配送。这就是我们的优势所在，也是因为这些，我们今天才能成为最大的个人用户配送快递商。

关于翰卓·施耐德

- 出任总经理时间：1998 年
- 出任奥托集团董事时间：2009 年
- 学历：
  美国加利福尼亚州立大学高级管理人员工商管理学硕士（EMBA）
- 职场经历：
  – 历任邓白氏（Dun & Bradstreet）集团欧洲公司多个经理级职位
  – 曾主导邓白氏组织部成功进行改革
  –1997 年任丹砂公司（Danzas）总经理兼丹砂欧网公司（Danzas Euronet）主管
  –2001 年兼任丹砂德国控股公司发言人
  –2002 年任赫尔墨斯物流组主席
  –2009 年进入奥托集团董事会
  – 主导创立赫尔墨斯欧洲有限公司欧洲绩效联合会并任 CEO

2014 年 7 月，我们建立了首个覆盖 35 个欧洲国家的专业 B2C 网络平台。

珍妮·哈雷尼：到现在为止，我们谈的都是包裹服务，而赫尔墨斯公司现在的业务实际上涵盖全球商贸相关的所有环节的需求，包括物流运输、质量检测以及网上购物。是什么让赫尔墨斯一方面去巩固核心业务，另一方面去冒险做其他尝试呢？

翰卓·施耐德：你说的对，现在赫尔墨斯旗下有 12 家分公司，它们沿贸易的价值链进行分工。从商品采购开始，然后是质量检测、物流运输，经过再加工直到网上销售，最后是分送到用户手中。赫尔墨斯是世界上唯一一家能提供此类全程服务的供应商。所有这些业务都已经在奥托集团的不同分支中历经数年的磨炼，例如，现在的赫尔墨斯奥托国际公司在全球商品采购领域已经有 40 年的经验。我们把这些功能整合到一个品牌旗下，通过整合使我们成为贸易商理想的合作伙伴。例如，有的贸易公司在亚洲有采购来源，但需要到欧洲进行销售。可能客户需要自己完成一些成败攸关的关键环节，比如品类细分、市场营销、客户关系管理等，其余的则由我们来做。所以，我们把公司的理念，也就是做包裹服务的基本理念，推广到供应链的其他环节上，给客户提供专业的增值服务。

珍妮·哈雷尼：奥托品牌的那句由来已久的广告语，"奥托——我觉得挺好"，现在还在继续使用。这说明有时候人们愿意忠实于旧的事物。但在别的方面，人们又在尝试走新路。你认为，什么时候应该去尝试新东西，什么时候应该守住旧习惯呢？

翰卓·施耐德：我觉得这句广告语依然朗朗上口。如果是好东西，那就不见得非得去做出改变。尽管如此，对于你的问题可能还是没有一个绝对的答案或标准。我只能说，奥托集团是一个家族企业。这就意味着，这里的计划是长期的、着眼长远的，不需要为了维持住投资者的热情而去跟风每个浪潮，也不需要在每个季度都拿出某某之最的新成绩。我相信，很多人光是看到奥托这块牌子就会联想到可持续、责任、值得信赖这些基本价值，不需要更多的解释。这无疑是难能可贵的，也证明我们至今像走钢丝一样所做的一切，不断地推动革新，牢牢守住坚持，还是不错的。这里有一个好例子，就是集团下属所有公司的环保投入。从20世纪80年代开始，它就被写入了公司的永久目标中。在赫尔墨斯这里，实现它的方式就是平均核算到每份包裹上的二氧化碳排放量显著下降，尽管包裹总数量是不断增加的。当年，米歇尔·奥托博士把生态效益作为核心理念带入公司时，起初被很多人嘲笑。如今，早期的投入被当成典范大加赞赏，并且在过去几年中有了不少追随者。这就很好地说明了创新如何以不变的形式成为决策关键和公司价值。

> 能否在实践中发挥作用，唯有尝试后才能知道。

珍妮·哈雷尼：你如何看待Facebook和其他类似的平台？就你个人观点来讲，这些新兴媒体对企业形象和品牌发展有什么样的影响呢？

翰卓·施耐德：网络社交媒体会持续惊人地繁荣下去。从企业的角度来看，这是令人高兴的，因为通过网络的"推送"效用可以使产品在最短的时间内成为畅销品。但是也可能在几小时内就被负面批评声音淹没，给企业形象带来巨大的影响。有时候某个人因为误会做出的某件事，本来是无中生有，结果却被成百上千次转发，产生的影响远远超过了事实本身。现在就对网络社交媒体下结论还为时尚早，因为我们现在经历的仅仅是个开端。在未来的数年中，社会的发展将深深地印上网络社交媒体的烙印。但有一点肯定的是，人们有了更多的对话渠道，作为企业也必须提高存在感。即便有时候做这些并不舒服，但没别的办法。

珍妮·哈雷尼：我们这本书里收录了很多非同寻常的营销实例。你个人对"另辟蹊径"有什么看法呢？这样做在实践中到底有多大作用呢？

翰卓·施耐德：一项计划是否能百分之百奏效，人们根本无法知道。虽说你可能做了很多市场调查，但是能绝对、完全保证一个产品取得成功的东西是不存在的。因此，反复尝试和不断摸索不单是我们每个人生活的一部分，对商业来讲也是一样。能否在实践中发挥作用，唯有尝试后才能知道。如何面对"另辟蹊径"这个话题，实际上是企业文化中一个重要部分。是否允许做出尝试，甚至允许犯错误呢？这需要包容、勇气，以及做好准备，一旦新路被证明是错误的，就马上离开。正像那句话说的："如果你失败了，那么请失败得快一点！"

珍妮·哈雷尼：你在赫尔墨斯公司里负责欧洲的业务拓展。能否讲一讲其他国家的情形？在德国"Homing（宅办公）"的趋势越来越流行，这也加速了电子商务的发展。其他国家也是这样的吗？

翰卓·施耐德：我不知道是不是"Homing"导致了电子商务的极速发展。其实网上购物有很多明显的优势，比如价格比较变得非常简单。人们的购物方式完全不同了，相应地，企业的销售渠道也随之改变。在爱尔兰，电子商务销售额已经占到企业销售总额的近1/3。而在德国，这个比例只有14%。要是从全欧洲观察个人购物活动的话，可以看出，最热衷网购的不是丹麦人、瑞典人或德国人，而是英国人。不过，就算在那里也还存在上升空间。

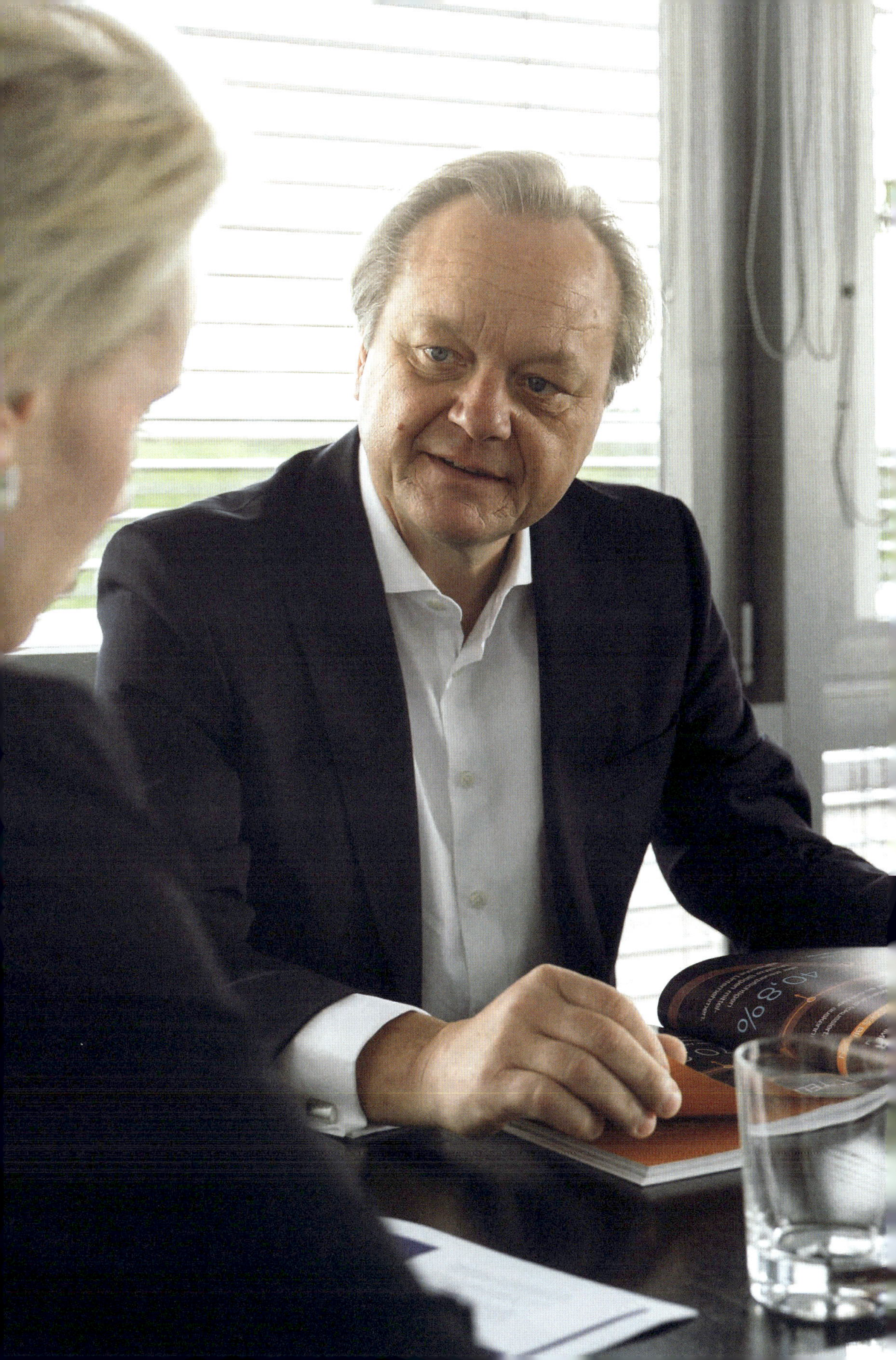

珍妮·哈雷尼：这种国际化的发展趋势肯定让赫尔墨斯受益不菲吧？

翰卓·施耐德：是的，而且是多方面的。首先，我们早就做出决定，在电子商务销售额最多的欧洲国家建立自己的包裹分送网。因此，我们赫尔墨斯现在在德国、英国、奥地利、法国、意大利和俄罗斯都运营得非常好，分享着由网购增长带来的包裹增量的好处。在其他欧洲国家，我们则通过与本地运营商合作的方式开展业务，由他们负责客户的包裹配送服务。此外，我们也从不断增长的跨国购物或海淘中受益。越来越多的消费者从国际贸易平台上购买商品，例如，法国的商品需要送到德国或英国买家的手中，这当然也是我们的业务范围。

珍妮·哈雷尼：我对交通和物流的话题非常感兴趣，没准我的血液里有那么点汽油的成分吧。现在的城市已经被汽车塞得满满当当了，快递配送车挤在混乱的车流中，有时候甚至还停在我的车库门口，那里可是禁止停车的。将来我们是不是得做点什么来改变这种状况呢？

翰卓·施耐德：首先得说明一点，物流从来不是为自己上路的，都是为了完成委托给他们的任务。所以，我希望我们的行业能得到更多的理解，特别是消费者的理解。实际上，城市物流这个话题已经越来越多地成为一项需要社会和经济共同努力去应对的挑战。

比如说，我极力主张允许大城市的快递配送车使用公交车道，前提是他们的车使用电力或其他替代动力。还有可以尝试的是，在一定区域内，组织电动汽车把来自赫尔墨斯、邮政、GLS 和 DPD 等快递公司的包裹进行统一配送。为了对环境负责，整个行业无论如何都应该以开放的态度来探讨这些话题，就算是那些已经在此领域做出些成绩的品牌也不该例外。同样，还应该在人口密集区域设置跨快递公司的统一包裹中心，让终端消费者可以很容易地收发快件。

珍妮·哈雷尼：你认为市场营销对公司整体成功起的作用有多大，或者说有多关键呢？假设评分范围是 1 到 10，你打多少分？（最低 1 分，表示不重要，满分 10 分，表示非常重要）

翰卓·施耐德：我认为得市场营销非常重要，特别是在吸引个人消费者时。但是，你必须能够提供可靠的服务，而且服务的质量足够高，让人们认为你的营销是可信的。此外还有一点非常重要，让你的服务具有高辨识度，即使经过很长时间也能让人们再次认出它来。所以，多年来我们一直与两度加冕的一级方程式赛车世界冠军哈基

> **如果你失败了，那么请失败得快一点！**

宁（Mika Häkkinen）合作，他是我们的品牌代言人，现在成了我们真正的朋友。除此之外，广告平台的效率、平台的覆盖面、广告媒介等因素也很重要。从2013年开始，赫尔墨斯成为德国甲级联赛的指定合作伙伴。几百万的球迷每周末都会在他们喜爱的球队队服上看到我们的商标，覆盖范围可以说是相当广。德国足球职业联盟（DFL）会给德甲联赛做一流的宣传，所以在200多个国家或地区的电视节目中，你经常能看到我们。总的来说，这是一项很棒的合作，条件也很公平，收益巨大。所以，我的评价是8分。

珍妮·哈雷尼：你以往的经历给我留下了深刻印象。回首过去，你认为哪些决定使你收益最多，无论是循规蹈矩的还是打破常规的？

翰卓·施耐德：事业上的成功是无法预先规划的，可能就是一念之间的事！这一念决定了其他的事，然后这些加起来形成了结果。成功的先决条件是可靠和诚实的品质。如果只是装出来的，总有一天会露出马脚。人永远不要忘记本分。还有，乐于担当责任也是成功的条件之一，但有时也需要适当拉开距离。度假的时候最好别看邮件，相信你的同事们。对于那些总是在追求挑战的人，我们得小心应付。他们如果供职于某一家公司，通常会在尚未发挥明显作用前就又离开了。那些只靠坐班时间赚钱的经理人也是危险的。因此，比区分"循规蹈矩"还是"打破常规"更重要的是在正确的时间有人来做决定。这就需要意志、执行力，还有勇气。

珍妮·哈雷尼：就你自己来讲，成功的秘诀是什么？

翰卓·施耐德：人可不是一辈子就靠一条秘诀活着的，幸好如此，不然也太无聊了吧。人总是在积累经验，提升自己，并且从中获得领悟。对于长期意义上的成功，一个重要的条件就是，永远乐于接受新事物的开放态度。

　　此外，还得有敢说真话的同事和员工，而不是你想听什么就说什么的人。还要随时竖起耳朵去听别人的意见和建议，同时又要保持独立。说实话，这并不是像听上去那么容易，毕竟这有点违背人类本性，但恰好是这点让我受益良多，让我成为最好的自己。

Viele kleine
Dinge wurden
durch die richtige
Art von Werbung
groß gemacht.

好广告能助小不点变成大家伙。

马克·吐温
（Mark Twain, 美国著名作家和演说家）

与德国 NEU.DE 公司总经理
约阿希姆·拉贝（Joachim Rabe）的谈话

市场营销在 NEU.DE 这里是"大影院"

如何用合作的方式进行聪明的营销

珍妮·哈雷尼：NEU.DE 公司的宗旨是什么？从市场营销方面来看，你们与 eDarling、精英伴侣（ElitePartner）等竞争对手有什么不同？

约阿希姆·拉贝：与竞争对手相比，我们的优势在于能更快、更便捷地做出营销决策，因为我们这里决策自主度很高。

> 我们梦寐以求的营销活动应该带给人们一些金钱难以买到的独特体验。

我们首要的营销目的不是去再现曾有过的新增注册会员数量，而是通过营销不断提升品牌形象，并在网络上得到积极的传播。我们梦寐以求的营销活动应该带给人们一些金钱难以买到的独特体验，以此将 NEU.DE 品牌情感化。

珍妮·哈雷尼：这听起来是个很大的愿景。真要长期坚持去做，要么需要一大笔营销预算，要么需要极为聪明的想法。

关于 NEU.DE 网站

- 行业：   在线婚恋网站
- 宣言：   "从这里开始"
- 员工数：   全欧约 400 人
- 总经理：   约阿希姆·拉贝
- 总部所在地：   慕尼黑 & 巴黎
- 成立时间：   2002 年
- 母公司：   蜜糖网股份公司（Meetic S.A.）

约阿希姆·拉贝：实际上，是你说的后一种情形。很多时候，活动的想法都是在与其他公司对话的过程中产生的。不少公司找到我们时都已有成形的方案，比如说佰多力（Bertolli）公司。这次以"意大利面寻找肉酱"为口号的活动已经被伯多力公司设计成熟，接下来要做的就是直接在销售终端的超市摆摊位了。谁会干吃意大利面条呢！

把别人的用户群体转化为我们的，这对我们来说非常有利。

因此，迄今为止，我们捉襟见肘的预算尚能维持可控的状态。此处的关键词就是"乘法营销"。每个合作方都得到一个双赢的结果。好在我们的用户群体非常广泛，这真是太幸运了！

很多公司都寻求与我们合作。共同的预算意味着你只需拿出一半的钱，所以无论从经济上还是从广告上来看，这对合作双方都可谓是丰厚的成功。

珍妮·哈雷尼：有没有一项营销活动因为一些原因对你而言十分特别呢？

约阿希姆·拉贝：有，我一下子就想到一个！我最喜爱的活动是在慕尼黑举办的一次桑德拉·布洛克（Sandra Bullock）电影首映式。为了这场首映，我们在早间广播中投放了一则广告。一名早间节目女主播用甜美的声音充满感情地说道："与你的一生之约相遇吧。"50位NEU.DE的会员将获得机会参加首映式之后的内部派对，在明星的见证下与他或她所选择的心仪之人进行第一次约会。人们都兴奋极了，将这好消息奔走相告。人们互相转告并分享着这些经历。因其唯一性和巨大的吸引力，这次活动产生了非常广泛的影响力。

> **人们都兴奋极了，将这好消息奔走相告。**

珍妮·哈雷尼：我注意到你说的"分享"这个词。这些经历是不是真的被分享到了Facebook等社交网站上了呢？我能想象，参加相亲大会其实是件比较私人的事情。你们的客户是否愿意让朋友们知道他或她在"找朋友"呢？

约阿希姆·拉贝：是这样的。社交媒体这个话题在我们这行说起来没那么简单。相亲服务确实没有"拉风"的作用。也正因为如此，我们才一直努力树立非同一般的品牌形象。

珍妮·哈雷尼：那你们到底是怎么做的呢？

约阿希姆·拉贝：我们试着树立一种积极的形象，来消除大众对于婚恋网站的戒备心。我们的做法是创造体验。一个很好的例子就是我们与 Arqueonautas 服装品牌的一次活动。对，这又是一次与伙伴公司的合作。活动的招牌是著名好莱坞影星凯文·科斯特纳（Kevin Costner）。在 NEU.DE 的一次抽奖活动中，参加者有机会赢取两张去德国叙尔特岛的机票，并能凭此参加品牌发布会。Arqueonautas 的品牌形象大使，凯文·科斯特纳将带着他

关于约阿希姆·拉贝

- 出任总经理时间： 2008 年
- 学历：
  商学硕士，企业管理学专业，侧重广告心理研究
- 职场经历：
  捷孚凯市场咨询公司（GfK）、布尔达（Burda）出版媒体集团、彼博媒体公司（As Peeper Media）、互动媒体（Interactive Media）及蜜糖网股份公司

的乐队全程参加发布会。这同样是一次激动人心的机会，与好莱坞巨星共度夜晚，一起站在吧台前碰杯，或者沉浸在他现场演唱的美妙歌声中，这绝对是一次永远难忘的回忆。

珍妮·哈雷尼：也就是说，你们非常看重举办活动。可是凯文·科斯特纳可不总是随叫随到啊？

约阿希姆·拉贝：对。所以我们也有固定的、每天都办的活动。NEU.DE 从星期一到星期五，每天都在酒吧举办活动，参加的费用也不高。场地都是免费的，因为酒吧都喜欢看到他们的店里塞满客人。

　　这类活动可以拉近彼此的距离，带来信任，并且让人们感到我们是一个实实在在的品牌，而不仅仅是一个网络上的平台。

珍妮·哈雷尼：那么，NEU.DE 的成功秘诀就是"乘法营销"了？

约阿希姆·拉贝：是的。市场营销并不见得总要花大价钱。就像你在 NEU.DE 看到的，我们用有限的支出带动了整个目标群体。

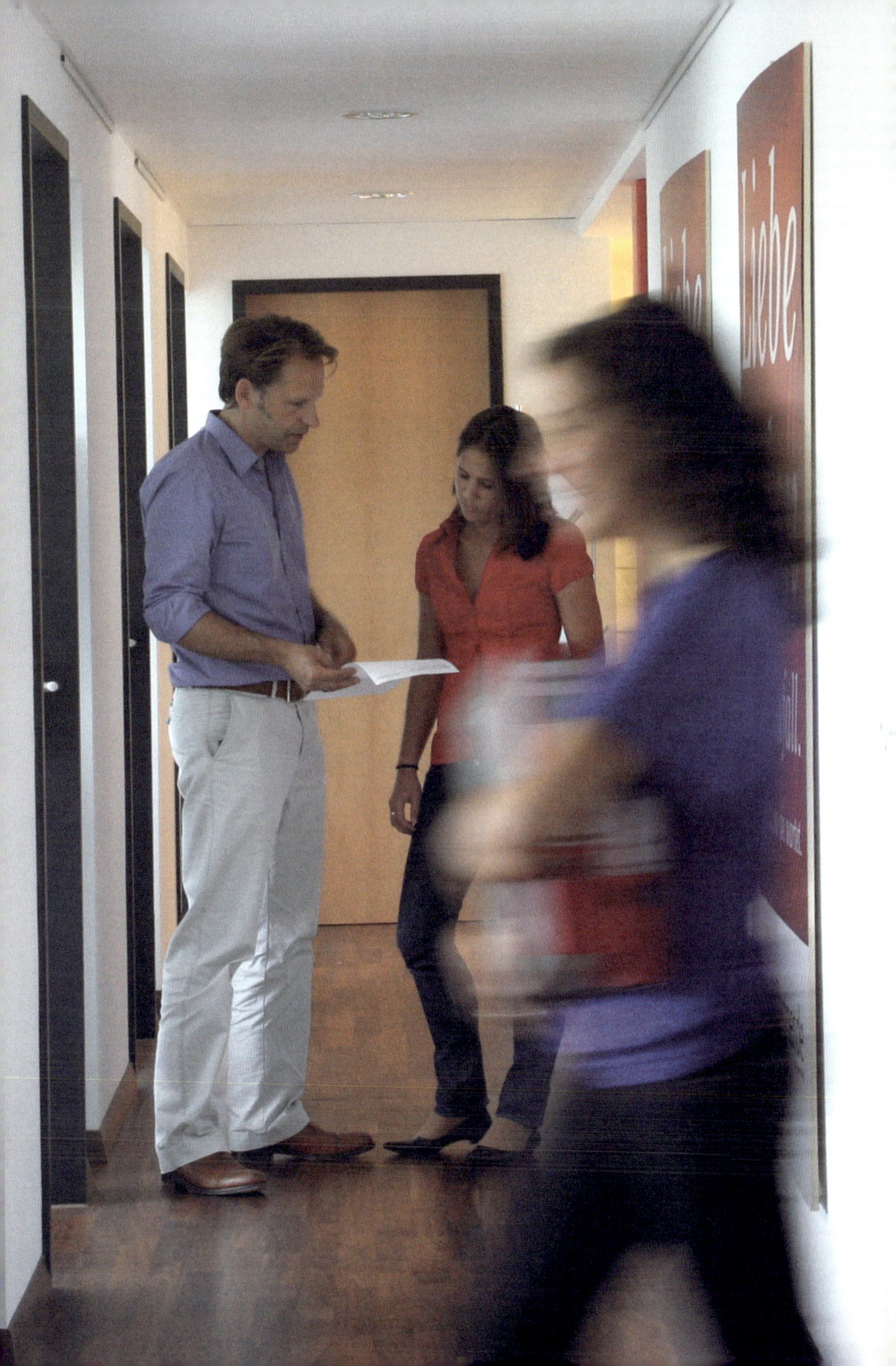
Liebe

Nichts geschieht ohne Risiko.
Aber ohne Risiko geschieht auch nichts.

不值一提的事情做起来没风险。可是，没风险的事情做起来也不值一提。

瓦尔特·谢尔
（Walter Scheel, 联邦德国前总统）

与剪之角美发工作室（Cut Corner）总经理安德烈·列支施爱特（André Lichtenscheidt）的谈话

这位美发师在营销方面制造波浪的本事就像在头发上制造波浪一样大！

一家乡村摇滚风格的理发店，给顾客提供独特的私人服务被视为重中之重，来这里的人后来都变成了常客。

珍妮·哈雷尼：你好，安德烈，很高兴认识你！2009年7月，你在杜塞尔多夫开办了自己的美发沙龙，而且取得了非凡的成绩。为什么人们都径直来找你理发呢？杜塞尔多夫这儿可不缺好的理发馆啊。

安德烈·列支施爱特：你好！是啊，这是个问题！（大笑）我们团队的每一位成员都为我们的成功做出了贡献。而且，我们提供一种非常棒的美发服务，再加上我们带给顾客一种老友间的轻松氛围，像一群一起喝啤酒的老伙计一样。如果你问，是什么驱使我们这么做，答案是，我们不仅要让顾客变美，还要让他们高兴起来！

我们这有两部分沙龙服务区域可供顾客选择。一边是装饰成古典风格的沙龙，提供最潮流的染色和造型设计咨询服务；另一边是旧式的理发店风格，那里有传统的手艺，从经典的刀削发到俗称"猫王头型"的背头发型，以及慢节奏的剃刀刮脸。在这两块服务区域都为顾客提供常见的饮料，如Espresso咖啡、茶以及饮用水，下午4点以后还有啤酒喝。是那种装在0.2升玻璃杯里的温和的法国啤酒。下班后来我们这小酌一杯，既不会让人懊悔，也不用担心驾照被扣。

> **我们不仅要让顾客变美，还要让他们高兴起来！**

关于剪之角

- 行业： 现代美发沙龙，摇滚美发馆 & 旧式理发店
- 员工数： 4名雇员
- 总经理： 安德烈·阿诺·列支施爱特
- 所在地： 杜塞尔多夫
- 成立时间： 2009年
- 店铺面积： 135m²

对于没开车的人，这里还有高度数的小口杯，都是从美国、苏格兰或法国进口的。此外，我们还设了一间单独的吸烟室，比如等待染色剂着色的女士或先生们就可以在那来上一支雪茄，而不必为此跑到室外去。

珍妮·哈雷尼：拥有最新设施和最佳地段位置的时尚理发店与内部装饰奇特的理发店，人们会把两者进行比较吗？或者说，愿意比较吗？哪一种在如今看来更有前景呢？

安德烈·列支施爱特：两种都有前景！重要的是，人要忠实于自己，而不是随波逐流。我虽然常常对我的雇员说"沙龙是一个舞台"，但如果我们曲意逢迎、随波逐流，顾客很快就能觉察出来。

我们必须问自己一个简单的问题：我是谁？我要做什么？通过做这些我要表达的是什么？店里的布置必须遵从一定的风格和品味。这就是说：扔掉那些没用的摆设！我们得在脑海中始终保持这样的疑问：顾客是喜欢在一间乱七八糟的房间里理发还是愿意在一间风格鲜明的沙龙里理发呢？其实并不一定非得什么都是高科技。重要的是要让风格像一条红线一样贯穿整个商业策划方案。让人感觉轻松舒适的店家要比冷冰冰的沙龙更能取得成功，就像牙科诊所那样。依照我的经验，越来越多的人倾向于"追本溯源"。我认为，"越省钱越好"之类的想法已经过时，应该让位于"不花钱的东西不是好东西"这样的生活理念了。

珍妮·哈雷尼：你觉得一名好理发师必须具备什么条件？你有偶像或某个人特别能激励你吗？

安德烈·列支施爱特：在理发师的圈子里我还没有真正意义上的偶像。我只能说，就像弗兰克·辛纳特拉（Frank Sinatra）的老歌里唱的："我有我自己的方式。"他是我的偶像，因为他创造了属

> 我们必须问自己一个简单的问题：我是谁，我要做什么，通过做这些我要表达的是什么？

于自己的东西。2009 年我开始创业时，很多人问我是不是真的想好了，因为当时正处在金融危机时。今天我可以说，如果你真的要做什么事情，那么用加倍的努力

关于安德烈·阿诺·列支施爱特

- 任总经理时间：2009 年

- 职业教育：
  -1997 年：传统美发培训

- 职场经历：
  -2006 年起担任首席理发师
  - 结束专业学习后曾受雇于多家美发沙龙

和坚强的精神，是可以做到的！一名好的理发师就是要做到认认真真倾听顾客意见，要听得不多不少！这话听起来很奇怪吗？事实如此！我认为那些美发比赛大奖或此类的殊荣一文不值。一位理发师就算把20个奖杯摆上书架，但是听不进顾客说的话，不去分析顾客遇到的问题，结果做出了不适合顾客的发型，那么他还能给顾客带来些什么呢？

珍妮·哈雷尼：你做的发型真是一点都不普通。那么，来店里的顾客主要是什么人呢？都是爱好乡村摇滚的老主顾，还是说也有一般的流动顾客？

安德烈·列支施爱特：因为我的沙龙根本就不在闹市区，所以人们不会偶然看见就进来，因此，我们根本没有流动客流！我们的生意完全仰仗顾客的相互推荐。

说到"普通"这个话题就得问一问，"什么是普通？"顾客总是希望理发师仔细听他们的意见，用专业知识帮助他们变成崭新的自我，而不是潦草地给他们一件产品或一项服务。如果把这类顾客归为普通的话，那我们普通的客户可多了，大概占60%。乡村摇滚爱好者大概占顾客的40%，因为我们还保留着非常古老的理发技术，能做出与旧式发型一模一样的效果！

比如20世纪30年代早期的发型、50年代晚期的发型和80年代带棱角的高耸的背头，就像"流浪猫"摇滚乐队的吉他手布莱恩·塞哲（Brian Setzer）那样，我们能以假乱真！

珍妮·哈雷尼：你用你的庞蒂亚克古董车作为演出活动的流动理发店，给顾客做出摇滚造型。这样做对你的知名度和你的营业额有什么影响呢？

安德烈·列支施爱特：这样说吧，你怎样去说服别人改变发型呢？通过介绍还是良好的现场体验？通过这些路演活动，我们的公司"安德烈的剪之角"

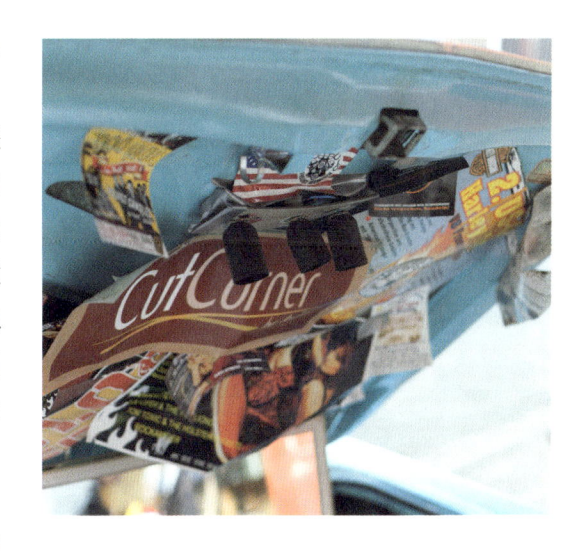

在最短的时间内就实现了从"独角戏"到"五人团队"的转身。我们的预约总是提前一周就被预订一空！我们的一位常客每隔四到五周就从200多公里外的地方赶过来。因此我现在可以肯定地说，是的，我们的知名度到目前为止已经增长了百分之一千。

珍妮·哈雷尼：会经常有不用预约的自由时段或被顾客挤爆的情形吗？会不会有人为了抢你的一个名额不惜大打出手，为了坐上你身前的椅子变得勇敢无比？

安德烈·列支施爱特：哦，在我们一次"剪剪才摇滚——50年代理发店路演"活动上差不多是如此。当时没有提前预约，人们只能排队。我想勇敢这事应该不需要证明吧，因为我只在意一件事，就是好好做头发。

顾客们喜欢坐在我的理发椅上，因为团队成员和我会通过幽默的交谈和认真地投入让顾客找到"我是主角"的感觉，因为"周围所有的人都在看我的头发"。我相信，人们都期待着一次非同凡响的美发店体验。在周末参加一次活动，共同追忆一段过往的日子，来一杯味道不错的啤酒，听一段震撼的摇滚乐。在那里你还能坐到美国古董车的后车厢上，跟人神侃男人们真正感兴趣的话题：啤酒、汽车！我们把理发这件无聊又必须得做的事情变成了一种体验，这就是我们成功的秘密。

> 我相信，人们都期待着一次非同凡响的美发店体验。

珍妮·哈雷尼：你看上去总是神采奕奕、精力充沛，这是怎么做到的？你最大的动力是什么？

安德烈·列支施爱特：这个问题我也

常问自己。我觉得，我之所以勤奋工作并且还能一直保持良好状态的原因很简单，我喜欢自己做的事情！这对我来说就是一个现实的梦。我可以分毫不差地做自己一直梦想要做的事。并且，还有那么多的人觉得我做得非常棒，这也鼓舞着我继续下去。当然，在这个过程中，我也赚到了足够让我过上舒适的生活的钱。

珍妮·哈雷尼：最后还有一个私人方面的问题，你会给我配上哪种发型呢？

安德烈·列支施爱特：这个，我要是知道就好了！

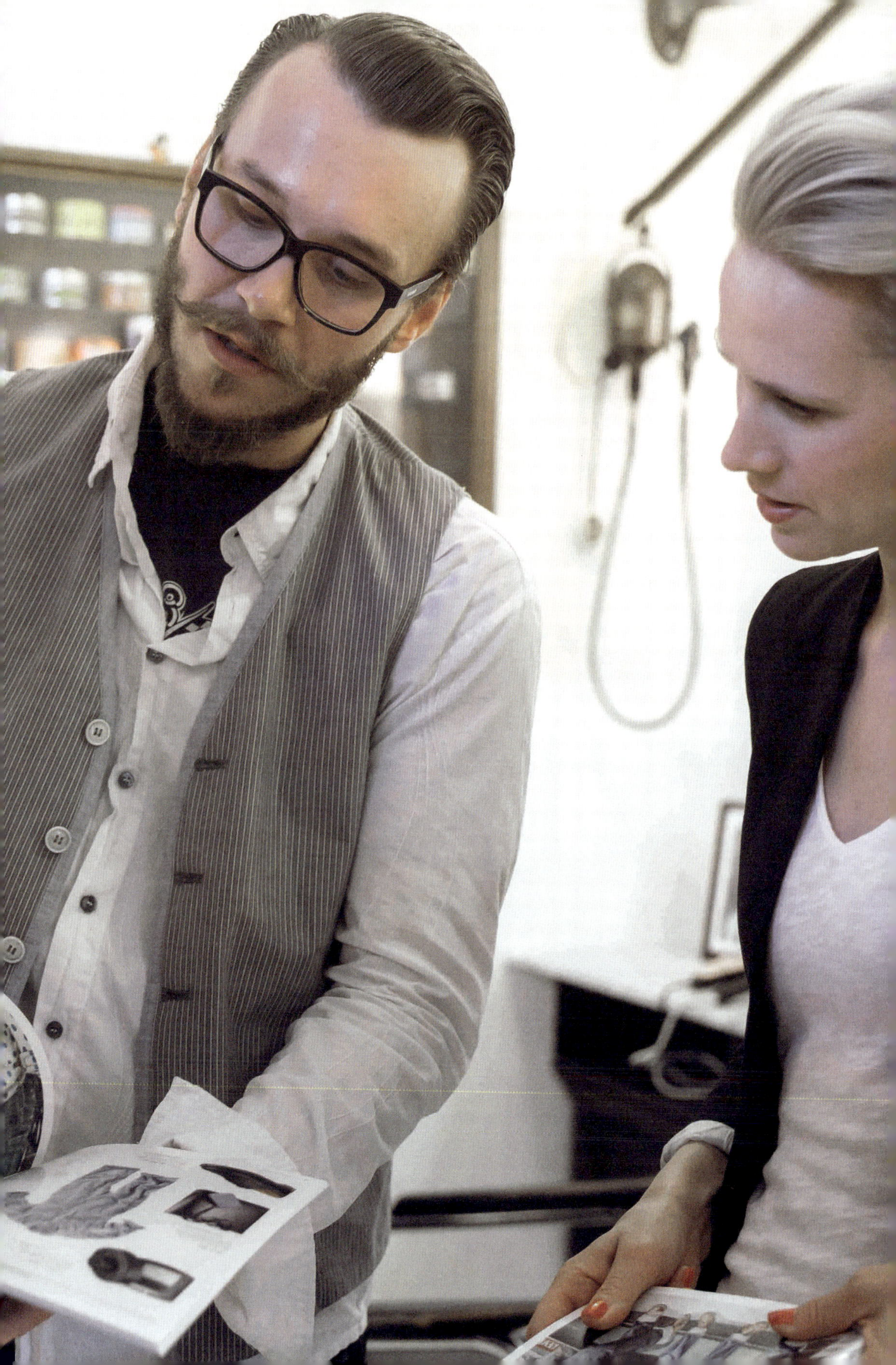

Nur der Überzeugte überzeugt.

只有被深信不疑的东西才有说服力。

约瑟夫·朱庇特
(Joseph Joubert, 法国作家)

与现代汽车德国有限公司（Hyundai Motor Deutschland GmbH）总经理马库斯·史瑞克（Markus Schrick）的谈话

想办法做没办法的事

一场关于企业生存之道的谈话

珍妮·哈雷尼：史瑞克先生，作为一句广告语，"新思维，新可能"触及了让思维方式拒绝平庸的主题。那么促使现代公司取得今天成就的关键是否就是这里说的不同一般的思维呢？

马库斯·史瑞克：这句广告语对所有人来说都既是要求，也是挑战。一直以来，现代公司不断证明着，我们迎接挑战，并且有能力去做到看似不可能的事情。对于我们的成功具有决定意义的是高质量、可信赖的产品。2013年至今，产品设计一直是让德国消费者购买我们产品的首要因素，其次，则是同样重要的性价比因素。

珍妮·哈雷尼：现代在市场营销领域处于前锋位置。几乎所有人们能想到的渠道都有现代的身影，并且非常强调营销的"感性"。请解释一下，为什么这一点如此重要呢？

马库斯·史瑞克：我们能在竞争中站在制高点，全仗我们的产品与设计，质量和信誉。我们用心投入赛事，那是因为这些运动是德国人的宠儿，我们希望以此增进消费者对现代的情感。我们融品牌于情感，希望借此拉近与人们的距离。比如，我们是世界杯以及欧洲杯足球赛的主赞助商，这样可以把现代汽车与该项运动蕴含的积极情绪联系在一起。足球是最受全世界人们欢迎的运动，根据市场调查机构的研究，世界杯比赛期间，全世界80%人的目光都直接或

关于现代汽车德国有限公司

- 行业： 汽车制造商
- 员工数： 196 人
- 总经理： 马库斯·史瑞克
- 所在地： 奥芬巴赫
- 成立时间： 1991 年
- 年销售额： 11.2 亿欧元

间接地盯在那只球上。这为我们的品牌提供了理想的交流平台，让我们能把来自现代的活力、激昂和热情传递给我们的客户和球迷。无论是在比赛现场的体育馆里，还是在现代车迷公园中，人们只要遇见现代，就意味着遇见了随之而来的热烈的氛围。

珍妮·哈雷尼：当今的世界新鲜事物层出不穷，很多东西甚至还没上市就已经过时了。你如何能保证现代始终掌控最新的潮流和创新呢？

马库斯·史瑞克：以快制胜是我们集团的一大成功要素。我们的平均设计研发周期得到明显缩短。在不久之前，平均周期还是48个月，现在已经缩短到24个月了。

不仅如此，现代在世界所有重要地区都设有研发中心。我们保持着近距离贴合市场，时刻倾听顾客的建议，并在市场需要的时候随时出击。

珍妮·哈雷尼：近年来，现代特别注重设计投入。你刚才也说到，设计是让消费者购买产品的首要因素。那么现代今天的顾客群是不是与以往不同了呢？

> 以快制胜是我们集团的一大成功要素。

马库斯·史瑞克：近几年的成功充分证明，现代用极具吸引力的设计不仅赢得了新顾客的青睐，同时也让老顾客继续忠实于我们的品牌。

我们知道，现代的用户忠诚度比行业平均水平高10%。一方面得益于我们"流体雕塑"的全新设计理念，以自然、优雅和清晰的流线造型为核心。我们两款最新的车型，体积最小的i10和捷恩斯（Genesis）运动型轿车，都荣获红点设计大赛产品设计类奖项。另一方面的优势则在于过硬的质量和超高的性价比。

关于马库斯·史瑞克

- 任总经理时间：
  2012年3月1日
- 学历
  - 就读于欧洲商学院
  - 在美国取得国际管理硕士学位
- 部分职场经历：
  - 英国杜顿福特集团欧洲研发中心投资与金融分析部
  - 奥迪公司价格结构、销售及营销控制部门主管
  - 奥迪亚太地区销售及营销执行理事
  - 丰田德国有限公司总经理
  - 丰田汽车意大利公司总经理
  - 弗罗魏控股公司董事会顾问

珍妮·哈雷尼：现代公司经历过一次大规模的转型，今天它比以往任何时候都更加成功。那么，你们如何让经销商们也改头换面呢？

马库斯·史瑞克：我们定期通过经销商网络与他们保持沟通和交流，并且密切跟踪和参与他们的更新和调整。此外，我们还给经销商机会，与我们共同推动公司发展。比如说，现代汽车质量行动就是这样应运而生的。这是一次经销商自愿报名参加的活动，目的是与经销商一起审视销售的所有环节，提出有针对性的方案，从而强化优势，消除劣势。

珍妮·哈雷尼：你在汽车行业的职业生涯非常引人注目。先是福特，然后是奥迪、大众和丰田，现在是现代。是什么让现代不同于其他竞争对手呢？

马库斯·史瑞克：我想用现代汽车集团董事会主席郑梦九（Chung Mong Koo）的一句话来回答你："我们成功的原因之一在于，我们总是能化不可能

为可能!"

珍妮·哈雷尼： 现代还在保持增长，这与整个行业的发展趋势是相逆的。你认为制胜的原因是什么呢？

马库斯·史瑞克： 我们在"动量2017"策划案框架内计划，到2017年要推出22款新车型以及升级版本。这一策划案从2013年就开始了，第一款车是现代i10，今年8月我们的捷恩斯（Genesis）运动型轿车也上市了。

此外，我们也更加注重汽车的个性化和感性化，并相应推出了多个运动款特别版，比如i10 Sport和ix20 Crossline。在2015年和2016年，我们将继续推出多款具有吸引力和创新力的车型，还将进一步带动增长。

珍妮·哈雷尼： 人们可能觉得，一家韩国公司要在德国取得成功是很难的。因为韩国的文化，包括商业氛围，对大多数德国人来讲很陌生。我本人曾有幸

参观了贵公司位于奥芬巴赫的总部。当时看到两种文化非常包容地互相融合在一起,我非常惊讶。那么,开放和包容是否也是现代在德国取得成功的因素呢?

马库斯·史瑞克:是的,我也正想说。在我们的决策过程中,质量和对客户的服务摆在第一位。我们与奥芬巴赫同事的合作,以及我们与全球各分部同事间的合作都有一个共同特点,就是人与人之间相互带动、充满尊重的相处方式。去年公司从内卡苏尔姆搬到奥芬巴赫的过程就能证明这一点。70%的员工都选择了留在公司,这在汽车行业是一项纪录,也说明我们的员工是满意的。

> 在我们的决策过程中,质量和对客户的服务摆在第一位。

满意度以及对品牌的忠诚度对公司成功的作用超过一半。

珍妮·哈雷尼： 今天人们都在谈论"环境革命"这样一个超级主流的话题。面对环境污染问题，企业不仅仅要有自己的想法，还得提出具体的解决方案。那么"环境革命"对现代来说意味着什么呢？

马库斯·史瑞克： 现代 ix35 燃料电池版汽车让我们成为世界上第一家量产燃料电池汽车的企业。补充燃料过程用时很短，续航能力将近 600 公里，唯一的排放物就是水。这款车大大彰显了现代品牌对创新的要求，即在普通汽车中应用具有未来指向意义的环保科技。不仅如此，我们在韩国牙山工厂配备了面积达 21.3 万平方米的太阳能电池，目的是尽可能实现资源节约型生产。这些电池年发电量能够达到 1150 万千瓦时，相当于 3200 个家庭一年的用电量。

珍妮·哈雷尼： 我们现在生活的世界是一个永远在不停播报的世界。我们每时每刻、无处不在地接收着广告信息。你怎样确保发出的信息被认真对待呢？

马库斯·史瑞克： 在广告和客户接触方面，我们现在除了传统的沟通渠道以外越来越多地使用社交媒体。除了 Facebook、YouTube，今年年初还增加了 Twitter。通过定期交流与我们不断扩大的现代用户社区，我们的粉丝保持接触。就像我刚才说的，我们活动的核心始终是情感化。我们希望将情感和温暖附加在品牌上，并让顾客感受到这些东西。位于柏林的现代车友公园向人们展示了我们是如何做到这一点的。汽车运动在品牌感性化的过程中起到了同样重要作用，我们的"飞思涡轮增压款（Veloster Turbo）跑车"成功通过了难度最高的考试——纽伦堡 24 小时环城耐力赛，并留下了许多令人感动的瞬间，

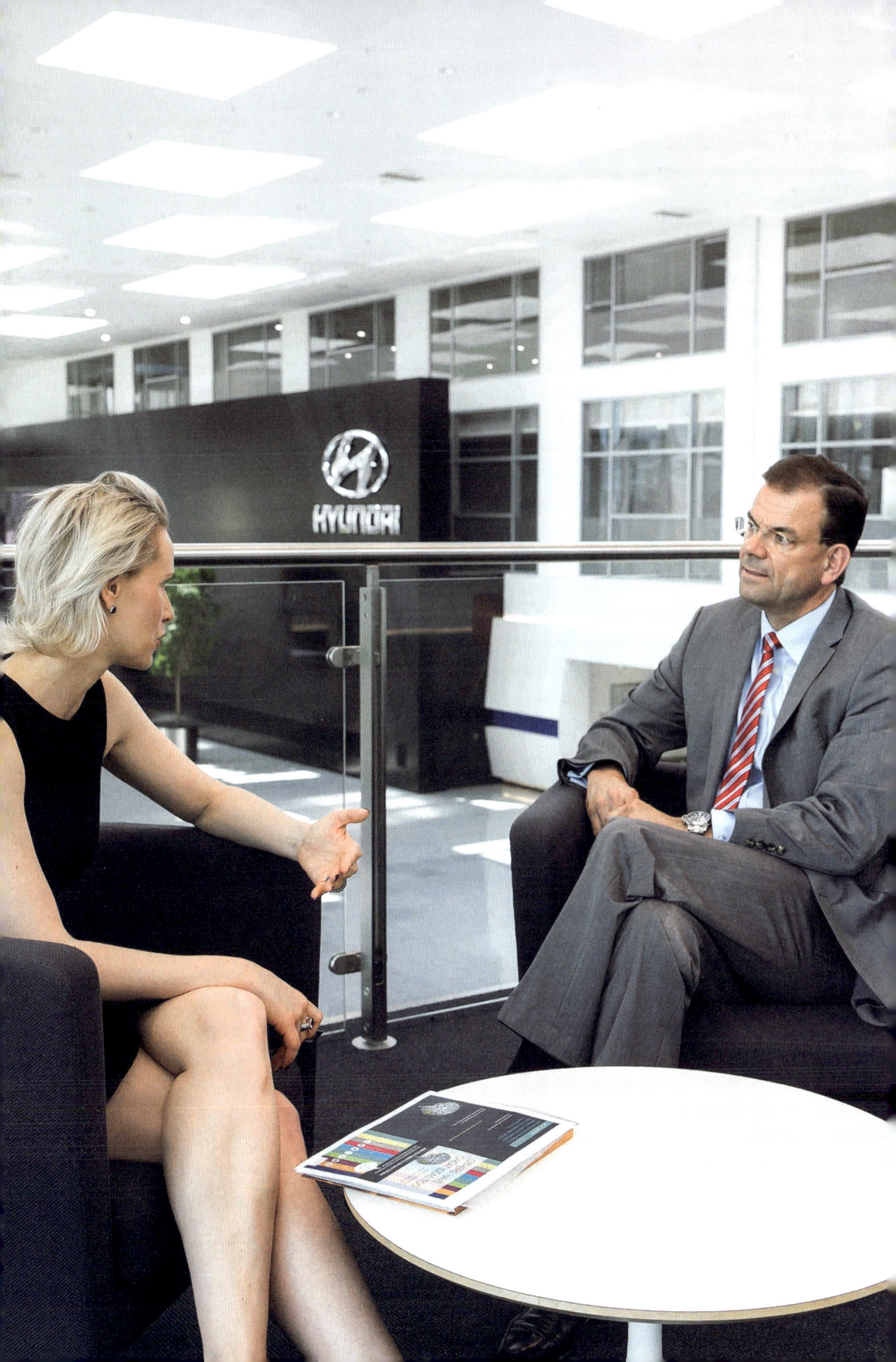
HYUNDAI

这说明我们的质量和可信度是经得起考验的。

珍妮·哈雷尼：从你在现代的经验来看，哪些是成功的广告策略呢？

马库斯·史瑞克：我们最小车型 i10 的推广活动"灵感来自生活"。为此我们首次开启了"360 度沟通"，并使用了大量创新营销形式，其中之一就是在网络社交媒体上开展的各种活动，还有通过所谓的"城市名片（City Cards）"和以"10 分钟 70 部电影"为主题的视觉广告。成功可以说是突如其来，我们的视频在短短几天内就被浏览了 35 万次。网上的评论也非常积极。柏林现代车友公园也同样是一次绝对的成功：450 多万球迷在那里与现代一起为德国足球队燃烧激情，在这样一个节日般的盛典上，将现代与情感的波涛和热情的火焰联结在一起。

从生活中汲取灵感

Ohne Werbung
Geschäfte zu
machen ist, als
winke man einem
Mädchen im
Dunkeln zu.

做生意不打广告，就好比从黑暗处朝姑娘抛媚眼。

斯图尔特·亨德森·布瑞特
（Stuart Henderson Britt, 营销学家）

与 DocCheck 医诊网股份公司总经理弗兰克·安特卫普斯（Frank Antwerpes）的谈话

为什么掉下来的数字竟然能助推 DocCheck 公司的成功？

又为什么医生不喜欢"免费文化"？

珍妮·哈雷尼：安特卫普斯博士，你是医生，但是作为企业家却是门外汉。能否简单解释一下，DocCheck 股份公司是做什么的？你又是如何想到这个点子的呢？

弗兰克·安特卫普斯：DocCheck 股份公司是专注医疗保健领域的一家控股公司，在它旗下有 4 家公司：一家通讯代理公司、一个医生网络社区、一家经营门诊需求的网店，以及一家专门资助创业者的基金公司。

珍妮·哈雷尼：DocCheck 公司以怪诞的品牌展示方式闻名。那么在医疗这个可以说相对保守的行业里，这样做效果如何呢？

弗兰克·安特卫普斯：毁誉参半吧。不是每位客户都能一下子接受我们的风格。虽然这几年医疗市场已经变得开化一些了，但总归还是有上升空间的。

去年，我们受时下"免费文化"的理念影响，群发了一封打折邮件。发件人是虚拟出来的"免费文化俱乐部（FKK）"。响应者寥寥无几，但是至少，我们引起了行业独有的关注。

关于 DocCheck

- 行业：　　　　医疗保健网络平台
- 员工数：　　　220 人
- 总经理：　　　弗兰克·安特卫普斯
- 所在地：　　　科隆
- 成立时间：　　1990 年
- 年销售额：　　1780 万欧元

珍妮·哈雷尼：DocCheck 有点像医药领域业内人士的"Facebook"。在你这里也有类似可以打广告的地方吗？在 Facebook 里可是有很多位置可以打广告。

弗兰克·安特卫普斯：是的，有一些类似的广告位。企业可以在这开辟自己的网页，吸引粉丝关注，在网络社区里发布通知。但是我们要从"Facebook"那学的还多着呢。

珍妮·哈雷尼：依我看，你经营的不是传统商品，其实卖的是解决方案。那么，医生们使用你的平台主要出于哪些原因呢？

弗兰克·安特卫普斯：在 DocCheck 上，医生们能获得很多重要信息，并且在遇到棘手问题一筹莫展时，能迅速与同行们建立联系。而最主要的原因在于，他们能主动"做医疗"，即发布博客、评论和专业文章，或者仅仅上传一些图片、视频和演讲。

珍妮·哈雷尼：你在 DocCheck 做过的最成功的营销举措是什么？

弗兰克·安特卫普斯：最成功的举措很简单，就是长期坚持并坚信自己的想法。最开始时，几乎所有的市场参与者都在嘲笑我们。如今，我们已是德国名气最大的医疗保健平台，用户数超过百万。现在已经看不到那些表面温和，实际上充满怀疑的微笑了。

珍妮·哈雷尼：我曾听说，你们公司的数据掉下来了，至少有几家报纸在报道你们发布的 2012 年业绩数据时以此作为标题。要知道，发布业绩数据对

> 最成功的举措很简单，就是长期坚持并坚信自己的想法。

一家企业来说可是性命攸关。给我们讲讲这次活动吧，别的经理人看到报纸这样写估计都快犯心脏病了。我们想知道，你为什么喜欢这样的标题呢？

弗兰克·安特卫普斯：业绩报告多数时候不过是些放在聚光灯下的无聊纸片，配上些企业领导层局促拘谨的合影照。我们可不想学他们。所以，我们给每期业绩报告都冠以主题，并且把它与营销活动联系起来。上一期的报告被我们做成了连叠纸的样式，上面的文字用针孔式打印机打出来，随报告附有一张 3.5 寸软盘。这份报告全展开，纸张长度达 35 米。这让我们想到一个点子：为什么不把它赫然挂在攀岩墙上，然后一边沿着吊索滑下一边大声朗读报告呢！不过我得承认，吊着绳子下行攀岩，也就是脸朝下时，我有点吐字不清。

珍妮·哈雷尼：你觉得市场营销工作对于公司整体成功的作用有多大？如果 10 分满分的话，你能打多少分？（最低 1 分，表示不重要，满分 10 分，

关于弗兰克·安特卫普斯

- 任总经理时间：1990 年
- 学历：
  – 医生、牙医，求学期间在广告公司和工业企业任兼职撰稿员和策划员
  – 在美国取得国际管理硕士学位
- 职场经历：
  – 取得行医执照后于 1990 年创立安特卫普斯 + 伙伴有限公司（DocCheck 股份公司的前身）
  – 该公司曾开发多个制药业网站
  – 2000 年公司上市
  – 1999 年创立 DocCheck 医药服务有限公司并任总经理，该公司与 2013 年成立的 DocCheck Guano 股份公司同为 DocCheck 股份公司下属的全资子公司

表示非常重要）

弗兰克·安特卫普斯：11 分。

珍妮·哈雷尼：你自己也想一些创意点子吗？你在什么时候会灵光乍现？

弗兰克·安特卫普斯：是的，但是最好的想法总是集体的产物。我喜欢与大家一起，你一言我一语地攒起一个想法，然后再加以完善。

这就需要一个好的团队。当 3 个创意人在一个飘雨的午后坐在一起，他们拿出来的东西总能给人惊喜！

珍妮·哈雷尼：我们的社会中，e 健康这个话题越来越被推到台前。有人在网上药店得到一个诊断，上面写着"上网搜搜"，有人在网上写糖尿病日记，有人在论坛上与病友一起写博客。

这不仅省下了钱，也省去了看医生的麻烦。你认为这种趋势会如何发展下去呢？到 2030 年，我们还有必要去看医生吗？

弗兰克·安特卫普斯：e 健康潮流还将继续大行其道。

在不久的将来，我们将能自己在家做心电图，然后在网上得到对心电图结果的评价；自己查找病因或者自己测量肿瘤因

子指标。智能手机会不断朝着麦考伊医生的探测仪⑦方向发展。我倒不认为医生会很快变得无所事事，但他们的工作重心将有所变化。他们会逐渐回归到专家领域，更专注于疑难杂症的诊断和治疗。

　　医疗科技发展得太快了，没有技术上的支持，医生的诊治就没法跟上时代的脚步。

　　珍妮·哈雷尼：非常感谢你抽时间与我交谈！

---

⑦ 译者注：麦考伊医生（Dr. McCoy）是科幻电影《星际迷航》中的宇宙飞船医生角色，片中他总是随身带着一部手持式探测仪，随时可快速测出病人的各项身体健康指标。

ich bediene
Märkte nicht.
Ich schaffe sie.

我所做的不是服务于市场，而是创造市场。

盛田昭夫
（Akio Morita，日本索尼公司创始人）

与科隆动物园董事会主席兼园长提奥·帕格尔（Theo Pagel）的会谈

一家动物园超过德甲联赛的是什么？

探访一下科隆最大的"居民区"。

珍妮·哈雷尼：帕格尔先生，你从 1991 年起就在科隆动物园工作，2006 年开始担任园长。长期以来，你的理念是什么？

提奥·帕格尔：我们将自己定位于科隆以及周边地区现代化的自然保护中心和培训中心，激发人们对动物及其生存空间和物种保护的热情，唤醒人们对物种多样性和保护自然的意识。

在当今这个物种迅速灭亡的时代，这一点比以往任何时候都更加重要。我们这里是人类与动物相接触的地方。没有什么机构能像我们这样构建人与动物的关系，促使人们产生对生命的热爱，因为只有先认识动物，才能谈到保护动物。

珍妮·哈雷尼：从你们的业绩报告中可以看出，2008 年游客数量是几年来的最低值，而到 2010 年情况则完全改观。现在游客情况如何呢？动物园这种形式是否过时了呢？

提奥·帕格尔：2014 年上半年的情况非常乐观，游客数增加了 20%。由于去年偏长的冬季和低温，很多动物园在这段时间都出现了游客数量下降的情

关于科隆动物园

- 硬件：　　　动物园设施
- 员工数：　　约 160 人
- 园长：　　　提奥·帕格尔
- 所在地：　　科隆
- 成立时间：　1860 年
- 动物成员：　约 700 个物种的 10000 只动物

况。今年的情况则相反，在年初的几个月里，晴好的天气已经让许多人前来游览。

基本规律是这样的，动物园的新鲜事越多，游客增加得越快，比如说新增了一些设施等。短期的游客数量变化主要是天气原因造成的。多雨的春天或秋天，或者太过炎热的夏天都会造成游客稀少。尽管如此，游客数量还是稳定在一个较高的水平。在德国，来看动物的人比去看德甲联赛的人多一倍呢！动物园这样的形式由来已久，但始终都很受欢迎。其实，人们对应该如何观赏动物这个问题所持的态度一直在变化，这也一定程度上成了整个社会的缩影。变化的趋势促使动物园改变园区的布置。核心焦点不再一味地集中在动物身上，我们越来越注重人与动物的关系和生存空间的问题。动物园继续朝着专业化的方向发展，并尽可能以真实而亲近自然的方式把动物展示给大家。为了达到这些目标，科隆动物园建造了现代化的动物生活设施，比如大象园、河马馆以及新农场。未来30年，动物园在动物分区上将更加注重地理因素，动物将在更大的设施内共存，形成动物社会，目的是让游客也参与到对陌生动物世界的发现之旅中来。我相信，如果逛动物园能带来些特别的体验，那么它就永远不会过时。

珍妮·哈雷尼：比起到户外的大自然中去，现在大多数孩子都更愿意玩计算机。你是如何应对这种趋势的呢？通过新兴媒体做些营销会有特殊的作用吗？

提奥帕格尔：我们推出了很多吸引人的方案，就是为了应对这种趋势。而且，在孩子还没长到沉迷计算机的年龄之前，我们就开始行动了。我们与科隆市政府方面合作推出了一张"宝贝增长卡（Baby-Boomer-Card）"。所有科隆市新生儿的家长都能免费得到一张一年有效期的科隆动物园年卡。另外还有

> 在德国，看动物的人比看德甲联赛的人多一倍！

不计其数的幼儿园和学校来我们园内访问，仅"科隆动物园学校"每年就要接待3万名学生，更何况还有"假期项目""帐篷宿营活动""儿童生日活动"等。

新兴媒体虽说在我们与特定顾客群沟通过程中起了很大作用，但从整个对外沟通的工作来看，它的作用只能算配角。

珍妮·哈雷尼：以前逛动物园，得到的体验可以说是可预期的，人了就能看到许多动物。但现在人们却不断需要新的和更有吸引力的东西，他们总是希望"被娱乐"。那么将来动物园是否也应该变得更丰富多变一些呢？

提奥·帕格尔：不，这不是必需的。我们的游客寻求的是摆脱掉日常生活的快节奏，他们想休养生息、回归自然。对很多城里人来说，动物园就是与孩子一起回到自然的最快"紧急出口"。再加上科隆动物园的园艺工作者

关于提奥·帕格尔

- 任科隆动物园股份公司董事会主席时间：2007年
- 学历：
  – 先后在杜伊斯堡大学、杜塞尔多夫海恩里希海涅大学学习生物学、地理学和教育学
- 职场经历：
  – 1991年进入科隆动物园工作，起初任鸟类、啮齿动物、有蹄哺乳动物、食肉动物监护人，负责热带馆
  – 2002年4月至12月临时代管水族馆
  – 2007年被任命为园长
  – 2013年起任德国动物园园长协会主席
  – 欧洲保护性养殖计划委员会成员

充满爱心地把园区布置得舒适、自然，为人们提供了很多休闲空间。更有吸引力的还数那些越来越接近真实的动物生活区以及大型设施，如河马馆的非洲河流地貌景区。此外，我们也会增加一些"娱乐因素"，比如一边饲喂动物一边进行讲解，但这主要是为了向游客普及知识。

科隆动物园

珍妮·哈雷尼：你们在杜塞尔多夫做的平面广告"快来科隆看猴子！"真是太好笑了，因为我就是杜塞尔多夫人。能给我们讲讲这次活动背后的故事吗？活动的由来，还有它带来的效果如何？

提奥·帕格尔：我们发现，科隆动物园在杜塞尔多夫市民以及这一地区的居民中知名度不高。虽然从杜塞尔多夫到科隆的距离并不远，至少不像有些人想象的那样远，但科隆动物园在杜塞尔多夫却没什么存在感。要引起人们对我们的关注，还有什么比一个笑话和一点点自嘲更简单的呢？它带给我们的好处除了极好的室外广告效果外，还有所有杜塞尔多夫和科隆的主流媒体的详尽报道，甚至还配了大幅的广告照片！作为一家营销资金少得可怜的公益企业，我们还从未有过如此大的媒体价值。

同样，在新兴媒体中这则广告也被广为传播。而且，这次活动确确实实吸引来了更多的杜塞尔多夫市民，即便没有公开报道证明这一点。

珍妮·哈雷尼：你认为在这一行，营销这个词意味着什么呢？哪些手段在你看来是必不可少的？

提奥·帕格尔：正因为我们是公益企业，随时面临着缩减预算的压力，加强营销才变得越来越重要。同时，我们也必须像公共领域的其他企业那样尽可能地降低包括营销在内的管理成本，其实营销在我们总成本中的占比远低于1%。这虽然听起来很矛盾，但依我看，我们做得很好，无论是游客数、

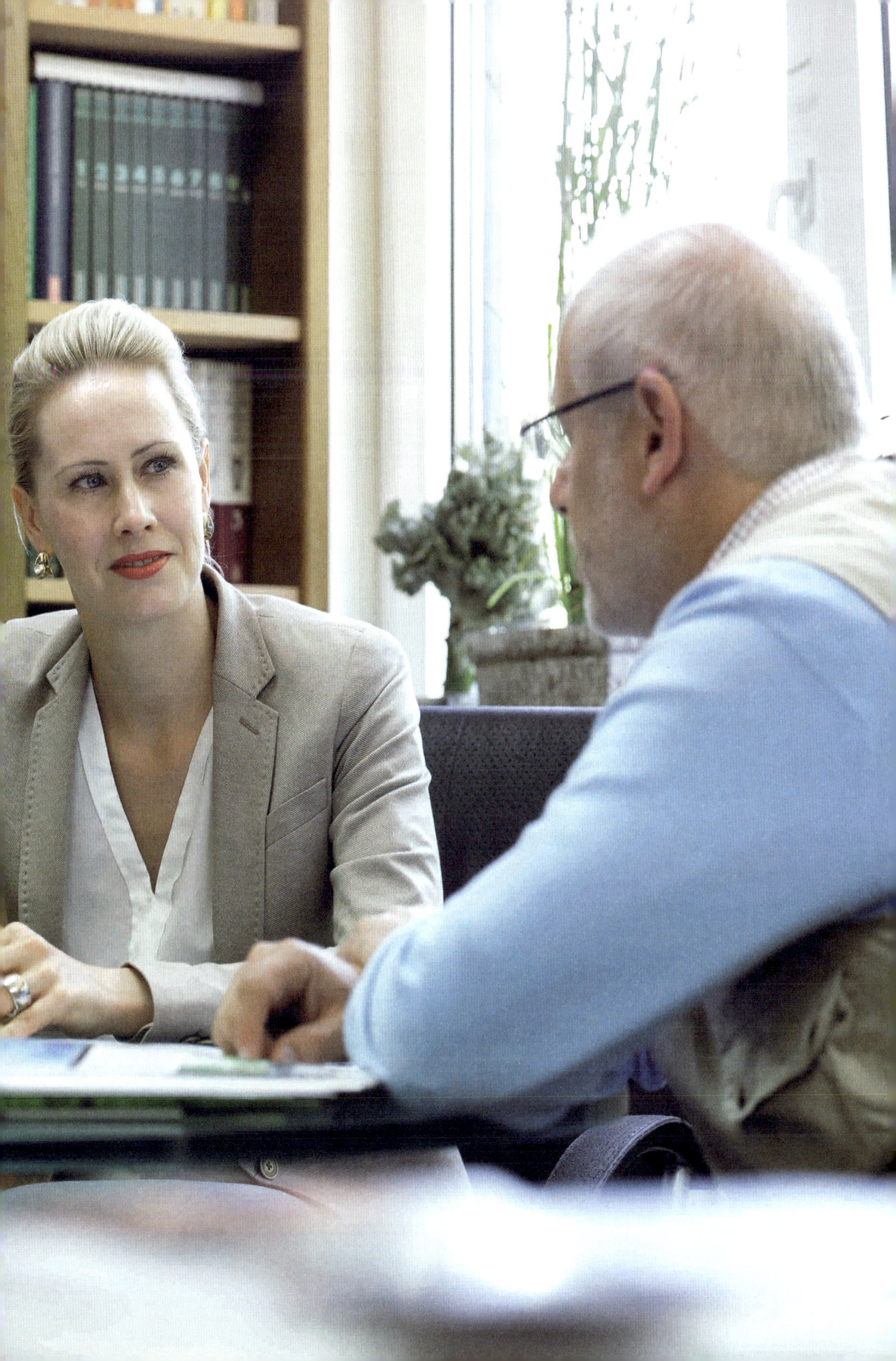

各类奖项、专业媒体的提及还是游客给我们的反馈都证明了这一点。对我们来说，不可或缺的是"把耳朵贴在市场上"，还得有好的策略和明确的定位。

珍妮·哈雷尼：从新闻中，我们经常能听到针对动物园虐待动物的尖锐批评。就在不久前我还在《世界报》上读了一篇相关的文章，说是动物受到毒品的威胁。这种骇人听闻的新闻不仅打击了报道中所指的对象，还伤害了整个行业。你是如何应对这种形象上的损害的呢？

提奥·帕格尔：我知道这篇文章。我们，德国动物园园长协会的所有成员动物园，得知这条报道后都很震惊和失望，文章中很多处用了不翔实或被歪曲的调查结果，这些都是错误的论断。使用药物的前提必须是兽医为动物进行检查并认为确有必要。对此有严格且详细的规定，而且具有官方认定资格的兽医的行医准则也非常严格，这些专业兽医都必须随时请示其所在的兽医局，动物园本身也要定期接受监管机构的检查。

为了能给动物们提供最理想的生长环境，我们的工作始终坚持科学标准，符合最新的研究方向。因此，我们也希望媒体方面能公正地、真实地进行报道，内容应该符合客观实际，可惜有时并不是这样。我们随时愿意就有关动物饲养的所有问题进行对话和接受公众监督，来我们这儿实地取证。确实得承认，我们的公共关系工作还得大大加强，这也是我们未来要做的。

珍妮·哈雷尼：是什么让你这里与其他动物园有所区分或者说与众不同呢？

提奥·帕格尔：论历史长短，科隆动物园是德国第三大最古老的动物园。在这儿，人们能同时获得古老动物园和现代动物园的体验！

我们一直在努力让思维超前一步，让我们的产品和服务从动物的角度和游客的角度得到完善。通过明确的定位和营销举措，我们也向外界传递了这个信息。

> 对我们来说，不可或缺的是"把耳朵贴在市场上"。

珍妮·哈雷尼：这本书的主题是，有时我们要逆着人群游泳，目的是得到关注，高调地表现自己。对此你怎么看？

提奥·帕格尔：我唯有赞同。在营销技术上，我们需要的不是羊群效应，我们更愿意当狼群之王。

珍妮·哈雷尼：你觉得市场营销工作对公司整体成功的作用有多大？如果10分满分的话，你能打多少分？（最低1分，表示不重要，满分10分，表示非常重要）

提奥·帕格尔：这是非常重要的一个因素（8-10分），因为在经济世界里，没有好的营销一切都无从谈起，但是人们始终还是得认真对待关乎企业成功的所有因素，进行整体思考。

珍妮·哈雷尼：在沟通过程中"讲故事"的作用是否重要？

提奥·帕格尔：是的，而且我看这也不是一个新话题了，因为在公共关系方面一直都在使用。图片和充满感情的故事更容易穿过信息洪流被人们接纳，并更长时间地停留在记忆中。而且我们身处科隆最大的"居民区"，自然有一大堆真实故事可讲。

珍妮·哈雷尼：住在科隆动物园的这些动物里，

哪种最有个性呢？

提奥·帕格尔：来科隆动物园看看，自己找答案吧！

珍妮·哈雷尼：如果你的动物们像电影里演的那样会说话，它们会对我们的读者说些什么呢？

提奥·帕格尔：来看看我吧！还有，请保护我的朋友们，它们在野外日子过得一点都不好！

> 科隆最大的"居民区"有一大堆真实故事可讲。

Enten legen ihre
Eier in Stille.
Hühner gackern
dabei wie verrückt.
Was ist die Folge?
Alle Welt isst
Hühnereier.

鸭子下蛋静悄悄，母鸡下蛋却像发疯似的咯咯叫。结果怎么样？全世界都在吃母鸡的蛋。

亨利·福特
（Henry Ford，福特汽车公司创始人）

把握属于
你的机会!

MACH MIT!

出 品 人：许　永
出版统筹：海　云
责任编辑：许宗华
装帧设计：海　云
印制总监：蒋　波
发行总监：田峰峥

投稿信箱：cmsdbj@163.com
发　　行：北京创美汇品图书有限公司
发行热线：010-59799930

官方微博

微信公众号

拒绝平庸

100个创意营销案例

01

广告
是幻想的
游戏。

会议主题 Meeting Topic :

日期 Date :   时间 Time :

出席人员 Attendees :

会议地点 Venue :

[观点] opinion   Pre-Meeting :

[物料] material   Pre-Meeting :

头脑风暴 Brainstorming

02

真正的广告需要的是纯粹，而不是表面的华丽。

完整会议记录 Meeting Minutes

03

真正的
伟大始于
独立思考。

会议主题 Meeting Topic :

日期 Date :   时间 Time :

出席人员 Attendees :

会议地点 Venue :

[观点]
opinion   Pre-Meeting :

[物料]
material   Pre-Meeting :

头脑风暴 Brainstorming

04

要做到
吸引眼球，
就必须
打破常规。

完整会议记录 Meeting Minutes

05

你必须做到，让你的广告在正确的时间出现在正确的地点。

会议主题 Meeting Topic :

日期 Date :　　　　　　　　　　时间 Time :

出席人员 Attendees :

会议地点 Venue :

[观点] opinion　Pre-Meeting :

[物料] material　Pre-Meeting :

头脑风暴 Brainstorming

06

做广告就像开车，你得变线，然后才能超车。

完整会议记录 Meeting Minutes

07

完美主义是时光的慢镜头，幻想则是光速前进。

会议主题 Meeting Topic :

日期 Date :　　　　　　　　　时间 Time :

出席人员 Attendees :

会议地点 Venue :

[观点] opinion　Pre-Meeting :

[物料] material　Pre-Meeting :

头脑风暴 Brainstorming

08

你不需要顾客，你需要的是"粉丝"！

完整会议记录 Meeting Minutes

09

注意力是
一种新的
货币。

会议主题 Meeting Topic :

日期 Date :   时间 Time :

出席人员 Attendees :

会议地点 Venue :

[观点] opinion   Pre-Meeting :

[物料] material   Pre-Meeting :

头脑风暴 Brainstorming

10

我们来前思，让别人去后想吧。

完整会议记录 Meeting Minutes

11

破旧立新
总难免要
经过一时
的混沌。

会议主题 Meeting Topic :

日期 Date :　　　　　　　　时间 Time :

出席人员 Attendees :

会议地点 Venue :

[观点] opinion　Pre-Meeting :

[物料] material　Pre-Meeting :

头脑风暴 Brainstorming

12

好是伟大的敌人。

完整会议记录 Meeting Minutes

13

想象力比知识更重要,因为知识是有限的。

会议主题 Meeting Topic :

日期 Date :					时间 Time :

出席人员 Attendees :

会议地点 Venue :

[观点]
opinion   Pre-Meeting :

[物料]
material   Pre-Meeting :

头脑风暴 Brainstorming

14

没有
故事，
就没有
销售。

完整会议记录 Meeting Minutes

15

我们给孩子讲故事，为了哄他们入睡。我们给大人讲故事，为了让他们醒来。

会议主题 Meeting Topic :

日期 Date :   时间 Time :

出席人员 Attendees :

会议地点 Venue :

[观点] opinion   Pre-Meeting :

[物料] material   Pre-Meeting :

头脑风暴 Brainstorming

16

好广告不只传达信息，它能以信心和希望，穿透大众的心灵。

完整会议记录 Meeting Minutes

17

别去寻找错误，要去寻找解决办法。

会议主题 Meeting Topic :

日期 Date :   时间 Time :

出席人员 Attendees :

会议地点 Venue :

[观点] opinion   Pre-Meeting :

[物料] material   Pre-Meeting :

头脑风暴 Brainstorming

18

把耳朵贴在顾客身上,这才是商业的成功之道。

完整会议记录 Meeting Minutes

19

不值一提的事情做起来没风险。可是，没风险的事情做起来也不值一提。

会议主题 Meeting Topic :

日期 Date :   时间 Time :

出席人员 Attendees :

会议地点 Venue :

[观点] opinion   Pre-Meeting :

[物料] material   Pre-Meeting :

头脑风暴 Brainstorming

20

我所做的不是服务于市场,而是创造市场。

完整会议记录 Meeting Minutes

会议主题 Meeting Topic :

日期 Date :	时间 Time :

出席人员 Attendees :

会议地点 Venue :

[观点]
opinion   Pre-Meeting :

[物料]
material   Pre-Meeting :

头脑风暴 Brainstorming

完整会议记录 Meeting Minutes

会议主题 Meeting Topic :

日期 Date :　　　　　　　　　　时间 Time :

出席人员 Attendees :

会议地点 Venue :

[观点] opinion　　Pre-Meeting :

[物料] material　　Pre-Meeting :

头脑风暴 Brainstorming

完整会议记录 Meeting Minutes

会议主题 Meeting Topic :

日期 Date :   时间 Time :

出席人员 Attendees :

会议地点 Venue :

[观点] opinion   Pre-Meeting :

[物料] material   Pre-Meeting :

头脑风暴 Brainstorming

完整会议记录 Meeting Minutes

会议主题 Meeting Topic :

日期 Date :   时间 Time :

出席人员 Attendees :

会议地点 Venue :

[观点] opinion   Pre-Meeting :

[物料] material   Pre-Meeting :

头脑风暴 Brainstorming